Marc Wolkerseder

Arbeitnehmerüberwachung im Unternehmen

Marc Wolkerseder

Arbeitnehmerüberwachung im Unternehmen

Eine Analyse aus juristischer und technischer Sicht

Tectum Verlag

Marc Wolkerseder

Arbeitnehmerüberwachung im Unternehmen
Eine Analyse aus juristischer und technischer Sicht

ISBN: 978-3-8288-2977-0

Umschlagabbildung: © gusperus | photocase.com
Druck und Bindung: CPI buchbücher.de, Birkach
Printed in Germany

Besuchen Sie uns im Internet
www.tectum-verlag.de

Bibliografische Informationen der Deutschen Nationalbibliothek
Die Deutsche Nationalbibliothek verzeichnet diese Publikation in der Deutschen Nationalbibliografie; detaillierte bibliografische Angaben sind im Internet über http://dnb.ddb.de abrufbar.

INHALTSVERZEICHNIS

ABKÜRZUNGSVERZEICHNIS

ArbG	Arbeitsgericht
BAG	Bundesarbeitsgericht
BDSG	Bundesdatenschutzgesetz
BetrVG	Betriebsverfassungsgesetz
BKA	Bundeskriminalamt der Bundesrepublik Deutschland
BND	Bundesnachrichtendienst (der Auslandsgeheimdienst der Bundesrepublik Deutschland)
bzw.	beziehungsweise
CIA	Central Intelligence Agency (der Auslandsgeheimdienst der Vereinigten Staaten von Amerika)
DSL	Digital Subscriber Line
EDV	Elektronische Datenverarbeitung
etc.	et cetera
GG	Grundgesetz der Bundesrepublik Deutschland
ggf.	gegebenenfalls
i. d. R.	in der Regel
i. S. d.	im Sinne des
ISDN	Integrated Services Digital Network
KSchG	Kündigungsschutzgesetz
LAG	Landesarbeitsgericht
PIN	Persönliche Identifikationsnummer
PWC	PricewaterhouseCoopers – eine große international tätige Wirtschaftsprüfergesellschaft
Rn.	Randnummer
TDDSG	Teledienstedatenschutzgesetz
TDG	Teledienstegesetz
TKG	Telekommunikationsgesetzes
TMG	Telemediengesetz
UVV	Unfallverhütungsvorschriften
VOIP	Voice-Over-IP / Internettelefonie
WWW	World Wide Web
z. B.	zum Beispiel

ABBILDUNGSVERZEICHNIS

1 EINLEITUNG

Wenn früher Begriffe wie „Lauschangriff", „Abhöraktion", „heimliche Videoüberwachung" oder „Spion" gefallen sind, dann wurden sie sofort mit Abkürzungen wie BND, CIA oder „007" in Verbindung gebracht. In der heutigen Zeit dagegen stehen auch Namen wie Lidl, Deutsche Bahn oder Deutsche Telekom für Aufsehen erregende Presseberichte über die Überwachung von Mitarbeitern. Doch nicht irgendein Geheimdienst ist der Auftraggeber solcher Überwachungsaktionen, sondern die Unternehmensleitung selbst.

Arbeitnehmerüberwachung heißt es heute – doch was muss man sich darunter vorstellen? Seit jeher werden zahlreiche Daten von Angestellten durch den Arbeitnehmer gesammelt, verarbeitet und ausgewertet. Angefangen mit der EDV-gestützten Lohn- und Gehaltsabrechnung, ist es aufgrund der ständigen Weiterentwicklung von Soft- und Hardware sowie geeigneter Überwachungstechniken einem Arbeitgeber heute leichter denn je, das Spektrum der erfassbaren Daten über einen Mitarbeiter beinahe beliebig zu erweitern.[1] Nicht nur die Möglichkeiten sind stark erweitert worden, sondern auch die Überwachungskosten sinken immer weiter.

Dieses Buch wird sich zunächst mit den Ursachen der Überwachung von Mitarbeitern beschäftigen, damit der Leser zunächst einen Überblick hat, warum ein Arbeitgeber überhaupt Interesse daran hat, seine Angestellten zu überwachen. Anschließend werden die technischen Möglichkeiten der Überwachung dargestellt und wo die Grenzen der Zulässigkeit aus rechtlicher Sicht liegen. Der Schwerpunkt der Arbeit liegt auf den Möglichkeiten und der Zulässigkeit der Überwa-

1 Pfalzgraf, Arbeitnehmerüberwachung, S. 1

chung betrieblicher Kommunikationsmittel. Nach der Beantwortung dieser Fragen werden noch kurz die nicht-technischen Möglichkeiten der Überwachung dargestellt, welche früher für den Arbeitgeber die einzigen waren und in der heutigen Zeit weiterhin einen wichtigen Stellenwert haben – oft in Kombination mit technischen Mitteln. Im Anschluss daran wird auf das Mitbestimmungsrecht des Betriebsrates bei Überwachungsmethoden eingegangen – was und wann darf bzw. muss der Betriebrat mitentscheiden? Abschließend wird noch kurz auf einen Fall aus der Praxis eingegangen, welcher in der letzten Zeit durch zahlreiche Presseartikel bekannt geworden ist.

2 URSACHEN DER DATENERHEBUNG UND ÜBERWACHUNG

Ein Arbeitsverhältnis zwischen Arbeitnehmer und Arbeitgeber sollte normalerweise auf einer gesunden Portion Vertrauen basieren. Doch wieso sammelt der Arbeitgeber seit jeher Daten über seine Mitarbeiter? Es ist nicht unbedingt Misstrauen, auch wenn es oft so interpretiert wird[2], sondern vielmehr zeigt sich in der Praxis, dass ein Mitarbeiter seine vertraglichen Haupt- und Nebenpflichten oftmals nur dann ordnungsgemäß erfüllt, wenn ihm bekannt ist, dass es auch entsprechend kontrolliert wird.[3] Wobei es auch die Meinung gibt, dass die Effektivität von wissentlich unbeobachteten Angestellten größer ist als die Arbeitsleistung von Mitarbeitern, die sich einer Beobachtung bewusst sind, und somit, auf Grund des Überwachungsdrucks, verkrampfter ihrer Arbeit nachgehen.[4]

Aber neben dem erzeugten Überwachungsdruck auf den Arbeitnehmer existieren auch weitere Gründe, welche die Erhebung von personenbezogenen Daten zum Teil rechtfertigen können. Diese Gründe können auf der einen Seite durch eine behördlich vorgeschriebene Erhebungspflicht[5] oder ein anonymisiertes statistisches Auswertungsinteresse begründet sein, auf der anderen Seite kann allerdings auch ein Interesse der personenbezogenen Verhaltens- und Leistungsüberwachung des Arbeitnehmers die Grundlage sein, was mit stei-

---

2 Pfalzgraf, Arbeitnehmerüberwachung, S. 2

3 Höld, Die Überwachung von Arbeitnehmern, S. 5

4 Hartenauer, Grenzen der Kontrolle im Betrieb, S. 1; Vehslage, AnwBl 2001, S. 145

5 Däubler, Gläserne Belegschaften, Rn. 25

gender Tendenz den Hauptgrund für die Erhebung von personenbezogenen Daten in deutschen Unternehmen darstellt.[6] Die Erhebung von Leistungs- und Verhaltensdaten des Arbeitnehmers aus diesem Grund stellt allerdings einen starken Eingriff in die Persönlichkeitsrechte dar und ist daher aus arbeits- und datenschutzrechtlicher Sicht zu prüfen.

Dieses Kapitel erläutert zunächst die verschiedenen Ursachen für das Interesse an der Datenerhebung und Überwachung, indem zunächst auf die ursprüngliche behördliche Erhebungspflicht eingegangen wird, um anschließend die daraus entstandenen Interessen des Arbeitgebers zur Aufklärung von Wirtschaftskriminalität und zur Steigerung der Arbeitseffizienz darzustellen.

6 Höld, Die Überwachung von Arbeitnehmern, S. 1

2.1 Behördlich vorgeschriebene Datenerhebung

Die Grundlage für die Erhebung, Speicherung und Verarbeitung von Mitarbeiterdaten durch den Arbeitgeber wurde ursprünglich durch behördlich vorgeschriebene Auskunftspflichten begründet.[7] Schon im Jahre 1985 wurde in der Literatur von 75 staatlichen Datenempfängern gesprochen, welche auf Grund von 113 Gesetzen und Verordnungen den Arbeitgeber zu 239 Bescheinigungs- bzw. Auskunftsarten verpflichten konnten.[8] Neben den Lohn- und Gehaltsdaten waren hier auch Übersichten über die Kranken- und Fehltage sowie über Sozialdaten jedes Mitarbeiters betroffen.[9] Durch diese große Menge an Informationen, welche schon seit jeher erfasst und weitergeleitet werden musste, entstand bei den Arbeitgebern ein Interesse, diese für firmeninterne Zwecke zu verwenden. Neben den für die behördlichen Auskunftspflichten erforderlichen Daten wurden im Laufe der Zeit immer mehr ausschließlich für die interne Nutzung erhoben und verarbeitet. Die Personalakten, welche behördlich ausdrücklich nicht vorgeschrieben wurden[10] – die allerdings generell zulässig sind – wurden immer umfangreicher und dienten ausschließlich dem Interesse des Arbeitgebers. Mit zunehmender Technisierung der Verwaltungsabteilungen wurden sie heute schon in vielen Unternehmen durch sehr komplexe Personalinformationssysteme ersetzt, welche eine Verknüpfung von Daten aus allen Unternehmensbereichen in den „elektronischen Personalakten" ermöglichen.[11]

Zu erwähnen ist allerdings, dass durch entsprechende Gesetze, wie z. B. das Terrorismusbekämpfungsgesetz vom 9.1.2002 ein staatlicher Zugriff auf die Personalakten ohne Einbeziehung des Betriebsrates möglich ist. Ein gutes Beispiel dafür war die Anforderung der Daten über männliche Mitarbeiter in Energieversorgungs- und Chemieunternehmen im Rahmen der Rasterfahndung nach dem Anschlag

7 Gola/Wronka, Handbuch zum Arbeitnehmerdatenschutz, Rn. 68

8 Däubler, Gläserne Belegschaften, Rn. 25

9 Tinnefeld/Ehmann/Gerling, Einführung in das Datenschutzrecht, S. 37; Höld, Die Überwachung von Arbeitnehmern, S. 1

10 Gola/Wronka, Handbuch zum Arbeitnehmerdatenschutz, Rn. 68; Ostmann/Kappel, AuA 2008, S. 657

11 Schwarz, Arbeitnehmerüberwachung und Mitbestimmung, S. 151f.

auf das World Trade Center am 11.9.2001.[12] Im folgenden liegt der Fokus jedoch auf den Arbeitgeberinteressen bei der Überwachung von Mitarbeitern.

2.2 Aufklärung von Wirtschaftskriminalität

Wirtschaftskriminalität ist ein nicht zu unterschätzender Schaden für die weltweite Wirtschaft. In der Literatur findet man viele Versuche, diesen zu beziffern, allerdings variieren die Angaben stark. Ein Autor spricht von einem wirtschaftlichen Schaden für die deutschen Unternehmen in Höhe von 3 bis 15 Milliarden Euro im Jahr 2002[13], woran man erkennen kann, dass durch die unbekannte Dunkelziffer und den mittelbaren Schaden durch Managementkosten die Schätzungen stark variieren. Fest steht allerdings, dass die effektivste Methode zur Aufdeckung von Wirtschaftskriminalität durch eine funktionierende Innenrevision gegeben ist.[14] Die Kombination aus polizeilicher Kriminalstatistik[15] des Bundeskriminalamtes in Verbindung mit dem jährlichen Bericht „Wirtschaftskriminalität" von PricewaterhouseCoopers[16] ergibt allerdings als Ergebnis für das Jahr 2007, dass 87 934 erfasste Fälle[17] im Bereich der Wirtschaftskriminalität vorlagen. Sieht man diese Zahl in Kombination mit der Tatsache, dass die deutschen Unternehmen aus Imagegründen[18] lediglich 59 Prozent der entdeckten Fälle[19] bei der Staatsanwaltschaft anzeigen, so kommt man auf eine Summe von fast 150 000 festgestellten Fällen. Für 2007 wird von einem Gesamtschaden in Höhe von 6,05 Milliarden Euro[20] für die deutsche Wirtschaft gesprochen, welcher sich aus 4,3 Milliarden Euro direktem

---

12 Däubler, Gläserne Belegschaften, Rn. 8

13 Hartenauer, Grenzen der Kontrolle im Betrieb, S. 1

14 Höld, Die Überwachung von Arbeitnehmern, S. 6

15 BKA, Polizeiliche Kriminalstatistik 2007

16 PWC, Wirtschaftskriminalität 2007

17 BKA, Polizeiliche Kriminalstatistik 2007, S. 232, Tabelle T225

18 BKA, Wirtschaftskriminalität Bundeslagebericht 2008, S. 8

19 Maschmann, Festschrift für Wolfgang Hromadka zum 70. Geburtstag, S. 234; PWC, Wirtschaftskriminalität 2007, S. 51

20 PWC, Wirtschaftskriminalität 2007, S. 17f.

Schaden[21] und 1,75 Milliarden Euro mittelbaren Schaden aufgrund von Managementkosten (Prozesskosten, Ausgaben für Untersuchungen etc.) zusammensetzt. Die Dunkelziffer liegt vermutlich viel höher, da die angegebenen Summen nur die entdeckten Delikte darstellen.[22]

Doch wie sieht das Täterprofil aus? Leider ist hier festzustellen, dass 46 Prozent der Täter interne Mitarbeiter[23] sind und von den 54 Prozent der externen Täter sind 63 Prozent Geschäftspartner oder Kunden des betroffenen Unternehmens.[24] Somit liegen durchaus Gründe vor, welche eine Überwachung durch den Arbeitgeber im eigenen Betrieb rechtfertigen können.[25]

Abb. 1 – Wirtschaftskriminalistische Deliktarten in Deutschland 2007

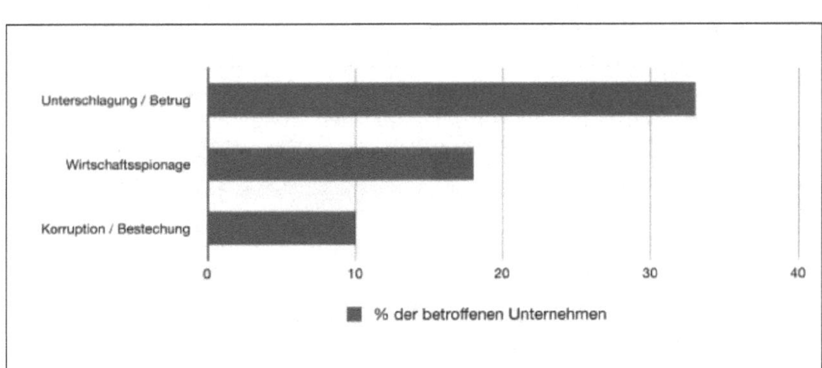

Quelle: „Wirtschaftskriminalität 2007" von PricewaterhouseCoopers, S. 11

---

21 Das BKA spricht im Bundeslagebericht „Wirtschaftskriminalität 2007" von einem Schaden von 4,1 Milliarden Euro, was mehr als die Hälfte des in der Polizeilichen Kriminalstatistik genannten Gesamtschadens darstellt.

22 BKA, Wirtschaftskriminalität Bundeslagebericht 2008, S. 8

23 laut Henke, IT und Datenschutz im Unternehmen, S. 21 im Jahr 2001 sogar 67 Prozent

24 PWC, Wirtschaftskriminalität 2007, S. 39

25 Hartenauer, Grenzen der Kontrolle im Betrieb, S. 1

2.2.1 Unterschlagung und Betrug

Aus Abb. 1 kann man sehr gut erkennen, dass Unternehmen in Deutschland mit Abstand am häufigsten mit Delikten aus dem Bereich Unterschlagung und Betrug konfrontiert sind. Die Spannweite der Unterschlagungs- und Betrugsdelikte reicht vom „kleinen" Diebstahl von Vermögenswerten wie Büromaterialien bis hin zum millionenschweren Versicherungsbetrug.[26] Von diesen Delikten sind alle Unternehmensgrößen betroffen. Wobei durch die zunehmende „Anonymität" in größeren Unternehmen[27] die Häufigkeit der Delikte mit der Mitarbeiterzahl des Unternehmens zunimmt.[28]

In Bezug auf die Überwachungsmaßnahmen stehen in einem großen Unternehmen allerdings auch mehr finanzielle, personelle und technische Mittel zur Überwachung zur Verfügung. Zur Vorbeugung bzw. Aufklärung von Delikten dieser Art wird auf zahlreiche technische und nicht-technische Überwachungsmittel zurückgegriffen,[29] wobei auch die Aufklärung zur Stärkung des Unrechtsbewusstseins, vor allem zur Vorbeugung von „Bagatelldiebstählen"[30] für den privaten Bedarf, wie z. B. von Büromaterialien oder Werbegeschenken, wirksam sein kann.

2.2.2 Wirtschaftsspionage

Neben den Unterschlagungs- und Betrugsdelikten sind die Fälle der Wirtschaftsspionage die zweithäufigste Art der Wirtschaftskriminalität. Neben der Ausforschung von Betriebsgeheimnissen durch „Spione" in Form von eingeschleusten Mitarbeitern (Praktikanten, Leiharbeitern o. ä.) durch Konkurrenzunternehmen stellen auch hier wieder die unternehmenseigenen Mitarbeiter die größte Bedrohung dar. Interessant ist, dass die Mitarbeiter, welche über drei Jahre im Betrieb beschäftigt sind, und besonders die langjährigen Mitarbeiter, welche mehr als zehn Jahre im Unternehmen arbeiten, statistisch gesehen am

---

26 Kramer, Personal 2009, S. 51

27 Maschmann, Festschrift für Wolfgang Hromadka zum 70. Geburtstag, S. 234

28 PWC, Wirtschaftskriminalität 2007, S. 10

29 Hartenauer, Grenzen der Kontrolle im Betrieb, S. 1

30 Wegen der Unwissenheit der Mitarbeiter bzgl. der Strafbarkeit beim Diebstahl von „Kleinigkeiten".

häufigsten zu Tätern werden.[31] Neben dem Schaden, welcher entsteht durch die illegale Weitergabe vertraulicher Informationen über technische Neuerungen, die unter Umständen den Verlust eines Patentanspruches bedeuten können, sind insbesondere Plagiate im Rahmen der Produktpiraterie ein großes Problem. Durch die Weitergabe von vertraulichen Informationen über Design und Fertigungsdetails eines noch nicht veröffentlichen Produktes kann zum offiziellen Veröffentlichungstermin bereits ein Plagiat auf dem Markt sein, welches evtl. den erwünschten Verkaufserfolg verhindert. Dies ist vor allem für deutsche Unternehmen ein großes Problem, da Deutschland für seine Produktinnovationen bekannt ist[32] und so ein beliebtes Ziel von Produktpiraterie darstellt. Seit 2006 stellt der deutsche Zoll, mit seiner Abteilung „Zentralstelle Gewerblicher Rechtsschutz" immer häufiger große Mengen an Plagiaten (Waren im Wert von über 430 Mio. im Jahr 2008) auf Messen und in den deutschen Handelshäfen sicher.[33] Neben der Weitergabe von Betriebsgeheimnissen an konkurrierende Unternehmen ist auch die Weitergabe imageschädigender Interna an die Presse ein großes Problem[34], was z. B. an der Überwachung von Telefonaten namhafter Journalisten mit Telekom-Konzernmitarbeitern zu sehen war. Allerdings müssen dennoch die Unternehmen selbst die Verbreitung vertraulicher Informationen durch eine entsprechende Kontrolle der Mitarbeiter und die Einhaltung von Maßnahmen zum Schutz der Unternehmensgeheimnisse[35] verhindern.

2.2.3 Korruption und Bestechung

Der aktuelle Bundeslagebericht „Korruption" des Bundeskriminalamtes[36] spricht von 1.808 Ermittlungsverfahren im Jahr 2008, was einer Zunahme von 13 Prozent zum Vorjahr (1 599 Verfahren) entspricht. Allerdings werden in der Statistik des BKA neben den Korruptions-

---

31 PWC, Wirtschaftskriminalität 2007, S. 39

32 PWC, Wirtschaftskriminalität 2007, S. 11

33 Zoll ZGR, Statistik für das Jahr 2008, S. 3f.

34 Henke, IT und Datenschutz im Unternehmen, S. 25

35 z. B. durch den Maßnahmenkatalog des Bundesamtes für Sicherheit in der Informationstechnik

36 BKA, Korruption Bundeslagebericht 2008, S. 5

straftaten der Wirtschaft auch die Korruptionsstraftaten in öffentlichen Ämtern erfasst – lediglich 37 Prozent der erfassten Korruptionsfälle sind in der Wirtschaft erfolgt.[37] Hierbei ist allerdings ebenfalls zu beachten, dass diese Statistik nur die angezeigten Fälle wiedergibt – die intern in den Unternehmen geregelten bzw. nicht entdeckten Fälle werden nicht erfasst. Von einer weitaus größeren Dunkelziffer ist auszugehen. Und auch hier kommen nicht unbedingt die „frischen" Mitarbeiter als Täter in Frage, sondern vorwiegend Angestellte, welche seit mehr als drei Jahren im Unternehmen tätig sind.[38] Um eine Vorstellung über das Schadensvolumen zu bekommen, ist die Statistik des BKA interessant: Darin wird von materiellen Vorteilen für die „Auftraggeber" der Korruption in Höhe von gemeldeten 372 Mio. Euro[39] im Jahr 2008 gesprochen, auch hier ist wieder die Dunkelziffer zu beachten. Somit liegt auch hier ein berechtigtes Kontrollinteresse des Arbeitgebers vor[40], wobei sicher auch andere Maßnahmen (wie z. B. regelmäßiger Abteilungswechsel der Arbeitnehmer nach drei Jahren[41]) ergänzend oder ersetzend durchgeführt werden können.

2.3 Steigerung der Arbeitseffizienz

Nach der Betrachtung der Ursachen für Wirtschaftskriminalität, welche zum größten Teil eine Überwachung des eigenen Unternehmens rechtfertigen können, kommen wir nun zu einem Thema, mit welchem ein Arbeitgeber sich schnell außerhalb des rechtlich Zulässigen befindet – der Überwachung zur Steigerung der Arbeitseffizienz.

Wenn ein Unternehmen in der freien Marktwirtschaft bestehen will, muss es durch effektive Nutzung der ihm zur Verfügung stehenden Ressourcen[42] in Form von finanziellen Mitteln, materiellen Gütern oder Mitarbeitern konkurrenzfähig bleiben. Besonders interessant in diesem Bereich ist die effektive „Nutzung" der Mitarbeiter, um ein

37 BKA, Korruption Bundeslagebericht 2008, S. 9

38 BKA, Korruption Bundeslagebericht 2008, S. 11

39 BKA, Korruption Bundeslagebericht 2008, S. 15

40 Hartenauer, Grenzen der Kontrolle im Betrieb, S. 1

41 BKA, Korruption Bundeslagebericht 2008, S. 11

42 Höld, Die Überwachung von Arbeitnehmern, S. 5

wirtschaftlich optimales Arbeitsergebnis zu erzielen[43] und das Unternehmen vor finanziellem Schaden durch eine uneffektive Arbeitsleistung der Mitarbeiter zu schützen.[44] Wo die Grenzen der Überwachung liegen und wie viel Effektivität auf Dauer wirklich gut für ein Unternehmen ist, wird im weiteren Verlauf dieser Arbeit noch dargestellt. Zunächst betrachten wir aber die verschiedenen Möglichkeiten bzw. Gründe für eine Steigerung der Effizienz aus wirtschaftlicher Sicht des Arbeitgebers.

2.3.1 Rationalisierung und Arbeitsoptimierung

Zur Erreichung eines wirtschaftlich optimalen Arbeitsergebnisses ist eine Rationalisierung des Personaleinsatzes erforderlich.[45] Neben präzisen Angaben über die Anforderungen und Gegebenheiten an einem Arbeitsplatz müssen dem Arbeitgeber außerdem Informationen über die Fähigkeiten und Kenntnisse jedes Arbeitnehmers vorliegen, um so eine ideale Strukturierung des Personaleinsatzes zu ermöglichen.[46] Grundsätzlich liegen dem Arbeitgeber hierzu die Bewerbungsunterlagen[47], Protokolle aus den Bewerbungsgesprächen[48] und ggf. die Ergebnisse eines Einstellungstests[49] oder einer betriebsärztlichen Einstellungsuntersuchung vor, allerdings bietet dieses relativ ungenaue Qualifikationsprofil nicht die Möglichkeiten zur optimalen Einteilung, wie es ein detailliertes Persönlichkeitsprofil böte.[50]

Der Inhalt eines solchen Persönlichkeitsprofils kann sehr vielschichtig sein. Es kann sich von Informationen über die Produktivität, Effektivität, Rentabilität sowie Qualität und Quantität der Arbeitsleis-

---

43 Pfalzgraf, Arbeitnehmerüberwachung, S. 1; Schaar, Das Ende der Privatsphäre, S. 206

44 Hartenauer, Grenzen der Kontrolle im Betrieb, S. 1; Andres, Die Integration moderner Technologien in den Betrieb, S. 18f.

45 Däubler, Gläserne Belegschaften, Rn. 26

46 Schaar, Das Ende der Privatsphäre, S. 206

47 Schaar, Das Ende der Privatsphäre, S. 205

48 Maschmann, Festschrift für Wolfgang Hromadka zum 70. Geburtstag, S. 233

49 AK „Datenschutz in Recht und Praxis", DuD 2008, S. 650

50 Däubler, Gläserne Belegschaften, Rn. 26; Höld, Die Überwachung von Arbeitnehmern, S. 6; Andres, Die Integration moderner Technologien in den Betrieb, S. 24

tung[51] über die Auswertung der privaten Aktivität in sozialen Online-Netzwerken[52] bis hin zu Informationen über Familie und Verwandtschaft, Parteizugehörigkeiten, psychische und physische Belastbarkeit[53] erstrecken sowie Ergebnisse von weiteren medizinischen Untersuchungen wie Genomanalysen[54] enthalten. Ein Großteil der Informationen stammt aus Maßnahmen zur Leistungs- und Verhaltenskontrolle[55] und greift somit tief in das allgemeine Persönlichkeitsrecht des Arbeitnehmers ein.

Vor allem die Auswertung stichprobenartiger Kontrollen, welche rechtlich gesehen unbedenklicher sind als permanente Überwachungsmaßnahmen, kann zu Missverständnissen führen, welche schwerwiegende Konsequenzen bei Personalentscheidungen zur Folge haben können,[56] wie z. B. eine Kündigung aufgrund überdurchschnittlicher Fehlzeiten in einem bestimmten Zeitraum.[57] Dennoch werden zahlreiche Methoden aus Gründen der Effektivitätssteigerung von vielen Unternehmen als erforderlich angesehen.

2.3.2 Effektive Nutzung der Arbeitszeit

Wie schon angesprochen, ist der Arbeitgeber aus wirtschaftlicher Sicht daran interessiert, die personellen Ressourcen seines Unternehmens möglichst effektiv einzusetzen, daher ist es auch in seinem Interesse, dass die Arbeitszeit der Mitarbeiter optimal genutzt wird. Auf der einen Seite ist es natürlich die Aufgabe des Unternehmers, die Arbeitsabläufe so zu planen, dass die Mitarbeiter möglichst effektiv arbeiten können, auf der anderen Seite steht aber auch das berechtigte

---

51 Höld, Die Überwachung von Arbeitnehmern, S. 5

52 Ostmann/Kappel, AuA 2008, S. 657; Ege, AuA 2008, S. 73; Bericht von sueddeutsche.de, „Schnüffelnde Personaler" vom 21.8.2009 (www.sueddeutsche.de/jobkarriere/522/484954/text)

53 Däubler, Gläserne Belegschaften, Rn. 26

54 Höld, Die Überwachung von Arbeitnehmern, S. 5; Schaar, Das Ende der Privatsphäre, S. 208

55 Schaar, Das Ende der Privatsphäre, S. 206; Andres, Die Integration moderner Technologien in den Betrieb, S. 19

56 Pfalzgraf, Arbeitnehmerüberwachung, S. 3; Schaar, Das Ende der Privatsphäre, S. 206

57 Schwarz, Arbeitnehmerüberwachung und Mitbestimmung, S. 19

Interesse des Arbeitgebers, dass diese während ihrer Arbeitszeit ausschließlich ihren dienstlichen Aufgaben nachgehen und sie nicht für private Zwecke nutzen, um so ein Höchstmaß an Arbeitsleistung zu erbringen.[58]

Die Nutzung der Arbeitszeit für private Zwecke erfolgt heute vor allem durch private Telefonate und private Internetnutzung, was neben der unrechtmäßigen Nutzung der bezahlten Arbeitszeit[59] auch zusätzliche Kosten für den Arbeitgeber[60] bzw. sogar strafrechtliche Konsequenzen[61] haben kann oder Rufschädigung[62] für das Unternehmen verursachen kann. Dies ist vor allem dann der Fall, wenn die schnelle Internetanbindung des Unternehmens dazu genutzt wird, illegal urheberrechtlich geschützte Inhalte herunterzuladen oder Webseiten mit pornografischen, rassistischen oder radikalen Inhalten zu besuchen. Eine weitere Gefahr ist der (versehentliche) Download von Viren oder trojanischen Pferden[63], welche anschließend das Firmennetzwerk lahmlegen oder sogar Dritten den Zugang zu vertraulichen Unternehmensdaten gewähren könnten.[64] Gemäß einer Studie aus dem Jahr 2004 nutzten zu diesem Zeitpunkt schon über 90 Prozent aller dienstlich vernetzen Arbeitnehmer ihren dienstlichen Internetzugang auch zu privaten Zwecken, die Hälfte nutzten den Arbeitsplatzrechner sogar über drei Stunden pro Woche [65], was 7,5 Prozent der wöchentlichen Arbeitszeit ausmacht – wenn man davon ausgeht, dass die Nutzung außerhalb der Pausen erfolgt ist. Es wird von einem jährlichen Schaden von etwa 50 Milliarden Euro für die betroffenen Unternehmen berichtet.[66]

Der Arbeitgeber sollte daher die private Nutzung von Telefon und Internet generell durch eine Betriebsanweisung verbieten bzw. die

58 Pfalzgraf, Arbeitnehmerüberwachung, S. 1

59 Ege, AuA 2008, S. 73; Mattl, Die Kontrolle der Internet und E-Mail-Nutzung am Arbeitsplatz, S. 17

60 Bernhardt/Barthel, AuA 2008, S. 150; Mattl, Die Kontrolle der Internet- und E-Mail-Nutzung am Arbeitsplatz, S. 18; Dann/Gastell, NJW 2008, S. 2947

61 Mattl, Die Kontrolle der Internet- und E-Mail-Nutzung am Arbeitsplatz, S. 20

62 Vehslage, AnwBl 2001, S. 145; Olbert, AuA 2008, S. 76

63 Krauß, JurPC Web-Dok. 14/2004, Abs. 1

64 Olbert, AuA 2008, S. 76

65 Krauß, JurPC Web-Dok. 14/2004, Abs. 1

66 Krauß, JurPC Web-Dok. 14/2004, Abs. 1

Nutzung auf die Arbeitspausen beschränken und die Rahmenbedingungen schriftlich festlegen.[67] Falls keine eindeutige Festlegung erfolgt, kann der Arbeitnehmer dies als stillschweigende Duldung verstehen. Hier befinden wir uns allerdings in einer juristischen Grauzone einer nicht eindeutigen Erlaubnis, welche bei Bedarf nur umständlich widerrufen werden kann.[68] Allerdings ist auch dann davon auszugehen, dass lediglich eine Nutzung in den Pausen oder vor bzw. nach der Arbeitszeit zulässig ist.[69] Eine Ausnahme wäre im Rahmen des Corporate Blogging der Fall, falls der Arbeitgeber wünscht, dass die Mitarbeiter sich an vom Unternehmen betriebenen Blogs oder Communities beteiligen – diese Arbeitsleistung wird innerhalb der Arbeitszeiten vollbracht.[70] Um eine Vernachlässigung der eigentlichen Arbeit zu verhindern, sollten aber auch hier feste Regelungen für den zeitlichen Rahmen der Nutzung festgelegt werden.

Eine Überprüfung der festgelegten Regelungen bzw. die Feststellung einer exzessiven (Aus-)Nutzung einer stillschweigenden Duldung[71] bedarf heute keiner aufwendigen Technik mehr, daher ist es technisch gesehen einfach für einen Arbeitgeber, die privaten Aktivitäten während der Arbeitszeit zu kontrollieren. Rechtlich gesehen ist allerdings zwischen den Rechten des Arbeitgebers und denen des Arbeitnehmers abzuwägen, ob eine Überwachung zulässig ist.

2.3.3 Nichteinhaltung von sonstigen arbeitsvertraglichen Pflichten

Weitere Gründe, welche ein Überwachungs- und Kontrollinteresse des Arbeitgebers begründen können, sind unter anderem der Verdacht auf den Verstoß gegen Geheimhaltungs- oder Konkurrenzverbotsklauseln oder die Täuschung durch eine behauptete Arbeitsunfähigkeit.[72] Zur Kontrolle dieser Verdachtsmomente sind unter Umständen sehr starke Eingriffe in die Privatsphäre des Arbeitnehmers nötig, da Überwa-

---

67 Maschmann, Festschrift für Wolfgang Hromadka zum 70. Geburtstag, S. 248

68 Olbert, AuA 2008, S. 76

69 Vehslage, AnwBl 2001, S. 146

70 Ege, AuA 2008, S. 72

71 Olbert, AuA 2008, S. 76

72 Höld, Die Überwachung von Arbeitnehmern, S. 14

chungen dieser Art in der Regel durch Dritte[73] außerhalb des Betriebsgeländes erfolgen müssen.[74] Der Arbeitgeber hat, besonders in diesem Bereich, ein sehr großes Interesse an Überprüfung, da er durch die Lohnfortzahlung im Krankheitsfall eine finanzielle Belastung und durch den abwesenden Mitarbeiter gleichzeitig den wirtschaftlichen Nachteil hat, dass ein Teil der anfallenden Arbeit nicht erledigt wird. Eine Statistik aus dem Jahr 2006 des Medizinischen Dienstes der Krankenversicherungen (MDK) zeigt, dass in fünf Prozent der geprüften Fälle keine Arbeitsunfähigkeit vorlag – trotz Arbeitsunfähigkeitsbescheinigung.[75] Außerdem hat das Gallup-Institut in Wiesbaden festgestellt, dass Mitarbeiter, welche eine emotionale Bindung zu ihrem Unternehmen haben, durchschnittlich 2,4 Fehltage weniger pro Jahr haben, als ihre Kollegen ohne emotionale Bindung – allein diese Tatsachen verursachen einen Schaden für deutsche Unternehmen in Höhe von 2 Milliarden Euro.[76]

Eine weitere sehr alltägliche Art der Überwachung stellt die Betriebsdatenerfassung[77] im Rahmen von Arbeitszeiterfassungssystemen[78] dar. Auch hier gibt es heute infolge des technologischen Fortschritts nicht mehr ausschließlich technische Hilfsmittel wie Stechuhren, sondern elektronisch vernetzte Systeme wie elektronische Zugangskontrollen[79] oder automatisierte Systeme auf Basis von RFID-Transponderchips. Diese Technologie ermöglicht heute neben der reinen Arbeitszeiterfassung auch die Erstellung ausführlicher Bewegungsprofile auf dem Betriebsgelände. Auch hier besteht ein berechtigtes Interesse des Arbeitgebers, die tatsächlichen Arbeitszeiten im Rahmen einer Kontrollmaßnahme festzustellen. Für die Feststellung der tatsächlichen Arbeitszeiten von Außendienstmitarbeitern muss auf

73 Gola/Wronka, Handbuch zum Arbeitnehmerdatenschutz, Rn. 399

74 Höld, Die Überwachung von Arbeitnehmern, S. 24ff.

75 Bericht von Andreas Maisch aus WeltOnline, „Detektive jagen Simulanten“ vom 9.2.2008, (www.welt.de/welt_print/article1646718/Detektive_jagen_Simulanten.html)

76 Bericht aus WeltOnline, „Detektive jagen Simulanten“ vom 9.2.2008, (www.welt.de/welt_print/article1646718/Detektive_jagen_Simulanten.html)

77 Däubler, Gläserne Belegschaften, Rn. 29

78 Schaar, Das Ende der Privatsphäre, S. 205

79 Däubler, Gläserne Belegschaften, Rn. 260; Schwarz, Arbeitnehmerüberwachung und Mitbestimmung, S. 18f.

technische Hilfsmittel wie die Ortung von Fahrzeugen[80] oder Mobiltelefonen oder die Überwachung durch Detektive zurückgegriffen werden. Die Zulässigkeit der verschiedenen Methoden der technischen Überwachung wird in den nächsten zwei Kapiteln aus arbeitsrechtlicher Sicht ausführlich dargestellt.

80 Schaar, Das Ende der Privatsphäre, S. 206

3 TECHNISCHE MÖGLICHKEITEN DER ÜBERWACHUNG

Nachdem nun klar geworden ist, warum ein Arbeitgeber Interesse an der Überwachung und Kontrolle seiner Angestellten haben könnte, befassen sich die folgenden Kapitel nun damit, welche Möglichkeiten dazu theoretisch zur Verfügung stehen und inwiefern sie rechtlich zulässig sind. Die Kontrollmöglichkeiten werden durch technische Produktinnovationen[81] insbesondere innerhalb der (Daten-)Verwaltung[82] immer komplexer, gleichzeitig minimiert sich der Aufwand für die Überwachung.[83]

3.1 Überwachung betrieblicher Kommunikationseinrichtungen

Wie schon erwähnt, hat die Wichtigkeit der betrieblichen Kommunikationsmittel in den letzten Jahren stark zugenommen. Die Konkurrenzfähigkeit in der freien Marktwirtschaft ist heute auch vom Ausstattungsniveau eines Unternehmens bezüglich seiner betrieblichen Kommunikationseinrichtungen abhängig.

Blicken wir zurück: Die Büros eines modernen Unternehmens vor 30 Jahren waren standardmäßig mit einem Wählscheibentelefon pro

81 Höld, Die Überwachung von Arbeitnehmern, S. 55

82 Däubler, Gläserne Belegschaften, Rn. 24; Schwarz, Arbeitnehmerüberwachung und Mitbestimmung, S. 13

83 Andres, Die Integration moderner Technologien in den Betrieb, S. 19

Arbeitsplatz, einem Telex pro Abteilung und einem BTX-Terminal[84] für das gesamte Unternehmen ausgestattet.

Zehn Jahre später dann erfolgte die technische Aufrüstung durch ein mehrfrequenzfähiges Telefon pro Arbeitsplatz, ein Telefaxgerät und einen PC mit analogem Modem für jede Abteilung.

Vor zehn Jahren machte der Fortschritt dann einen weiteren Schritt: Jeder Mitarbeiter war mit einem ISDN-Telefon über eine Komfort-Telefonanlage (inklusive Mailbox, Konferenzschaltungen und Wartemusik[85]) verbunden; außerdem steht an jedem Arbeitsplatz ein PC, über welchen durch einen zentralen ISDN oder sogar DSL-Zugang ein Zugriff auf das World Wide Web (WWW) möglich ist. Jede Abteilung hat zwar noch ein Faxgerät, allerdings findet ein Teil der schriftlichen Korrespondenz auch schon auf elektronischem Wege mit Hilfe von E-Mail-Nachrichten statt.

Und heute? An jedem Arbeitsplatz steht ein VOIP-Telefon, manche sogar mit Videofunktion, außerdem ein PC, welcher über einen zentralen Gateway per Breitbandverbindung mit dem WWW verbunden ist, und die schriftliche Korrespondenz findet fast ausschließlich über E-Mail-Nachrichten statt, Faxgeräte existieren nicht mehr, sondern Faxe werden auch elektronisch mit Hilfe eines Faxservers vom PC des Mitarbeiters verschickt oder empfangen. Und sogar die Außendienstmitarbeiter, welche früher nur per Telefon oder Fax mit dem Unternehmen kommunizieren konnten, sind per UTMS[86] weltweit über eine verschlüsselte VPN-Verbindung[87] mit dem Unternehmensnetzwerk verbunden und haben so in Echtzeit Zugriff auf alle relevanten Daten.

Durch all diese technischen Innovationen können viele Aufgaben des Arbeitnehmers viel einfacher und komfortabler erledigt werden –

84 BTX steht für Bildschirmtext, dies war eine von 1983 bis 2001 in Deutschland durch die deutsche Bundespost angebotene Möglichkeit der Textkommunikation über einen Bildschirm.

85 Höld, Die Überwachung von Arbeitnehmern, S. 114

86 UMTS steht für „Universal Mobile Telecommunications System", ein Mobilfunkstandard, der schnelle Datenverbindungen von mobilen Geräten ermöglicht

87 VPN steht für „Virtual Private Network" – bei der Herstellung einer VPN-Verbindung wird ein verschlüsselter, virtueller Tunnel durch das öffentliche Internet aufgebaut, was eine sichere Kommunikation ermöglicht. Die Gefahr, dass ein Dritter die Daten abhört, wird so minimiert.

doch genau dadurch entstehen gleichzeitig neue Konfliktpunkte. Zum einen möchte der Arbeitnehmer die technischen Möglichkeiten auch für private Zwecke nutzen, z. B. wenn er in der eigenen Wohnung keine Möglichkeit des Zugriffs auf das WWW hat[88], auf der anderen Seite steht der Arbeitgeber vor dem Problem, dass ihm z. B. durch eine exzessive private Nutzung durch den Arbeitnehmer wirtschaftliche Nachteile entstehen.[89] Daher liegt es im Interesse des Arbeitgebers, die Nutzung der betrieblichen Kommunikationseinrichtungen zu überwachen. Doch genau dieses Interesse der Überwachung kollidiert mit den persönlichen Schutzrechten des Arbeitnehmers.

3.1.1 Betroffene Gesetze

Eine wichtige Grundlage für die Prüfung der arbeits- und datenschutzrechtlichen Zulässigkeit einer Überwachung der betrieblichen Kommunikationseinrichtungen ist neben der Beachtung des durch das Grundgesetz der Bundesrepublik Deutschland (GG) geschützten allgemeinen Persönlichkeitsrechts[90] und des Bundesdatenschutzgesetzes (BDSG)[91] die Frage, ob der Arbeitgeber als Erbringer von Telekommunikationsdiensten im Sinne des Telekommunikationsgesetzes (TKG) und des Telemediengesetzes (TMG) zu werten ist.[92]

3.1.1.1 Telekommunikationsgesetz (TKG)

„Diensteanbieter" im Sinne des TKG ist „jeder, der ganz oder teilweise geschäftsmäßig [...] Telekommunikationsdienste erbringt".[93] Gemäß der Definition im Gesetz ist jedes „nachhaltige Angebot von Telekommunikation für Dritte mit oder ohne Gewinnerziehungsabsicht"[94] als „geschäftsmäßiges Erbringen von Telekommunikationsdiensten" zu sehen, und da „Telekommunikation" als „der technische Vorgang

88 Hanau/Hoeren, Private Internetnutzung durch Arbeitnehmer, S. 19

89 Siehe Kapitel 2.3.2., S. 10f.

90 Art.1 GG i.V.m. Art 2 I GG

91 Krauß, JurPC Web-Dok. 14/2004, Abs. 23ff.

92 Schmitt-Rolfes, AuA 2008, S. 391

93 § 3 Nr. 6 TKG

94 § 3 Nr. 10 TKG

des Aussendens, Übermittelns und Empfangens von Signalen mittels Telekommunikationsanlagen"[95] definiert wird, ist jedes Unternehmen, welches geschäftsmäßig Telekommunikationsdienste[96] für Dritte anbietet, als „Diensteanbieter" zu werten.[97] Die Erbringung von Telekommunikationsdiensten muss also nicht der Betriebszweck des Unternehmens sein[98], gleiches gilt für eine Gewinnerziehungsabsicht bei der Dienstleistung, welche ebenfalls nicht vorliegen muss[99], um in den Geltungsbereich des TKG zu kommen.

Ob allerdings die Arbeitnehmer in einem Unternehmen als „Dritte" i. S. d. § 3 Nr. 10 TKG definiert werden können, hängt von der Regelung der privaten Nutzung der Kommunikationsmittel im Unternehmen ab.[100] Wenn ausschließlich eine dienstliche Nutzung bzw. eine dienstlich veranlasste private Nutzung[101] etwa zur telefonischen Benachrichtigung des Partners über einen längeren Arbeitstag[102] zugelassen ist, zählt der Arbeitnehmer nicht als „Dritter",[103] da die Kommunikationsmittel als Arbeitsmittel zur Durchführung der Arbeitsleistung zählen.[104] Außerdem muss die Dienstleistung vom Arbeitnehmer freiwillig in Anspruch genommen werden, bei einer dienstlichen Nutzung eines Arbeitsmittels trifft dies nicht zu – anders bei einer angebotenen privaten Nutzung.[105]

---

95 § 3 Nr. 22 TKG

96 Krauß, JurPC Web-Dok. 14/2004, Abs. 8

97 Schuster, Die Internetnutzung als Kündigungsgrund, S. 11

98 Krauß, JurPC Web-Dok. 14/2004, Abs. 8

99 Erler, Die private Nutzung neuer Medien am Arbeitsplatz, S. 40; Schmitt-Rolfes, AuA 2008, S. 391; Krauß, JurPC Web-Dok. 14/2004, Abs. 8

100 Krauß, JurPC Web-Dok. 14/2004, Abs. 8

101 Vehslage, AnwBl 2001, S. 145; Ueckert, ITRB 2003, 158; Lelley, Internet am Arbeitsplatz, S. 16f.; Höld, Die Überwachung von Arbeitnehmern, S. 115

102 Hanau/Hoeren, Private Internetnutzung durch Arbeitnehmer, S. 20

103 Oberwetter, NZA 2008, S. 611; Krauß, JurPC Web-Dok. 14/2004, Abs. 9; Schmitt-Rolfes, AuA 2008, S. 391; Vehslage, AnwBl 2001, S. 146; Mengel, BB 2004, S. 2017; Erler, Die private Nutzung neuer Medien am Arbeitsplatz, S. 40

104 Dix, Datenschutz im Internet, S. 99; Schuster, Die Internetnutzung als Kündigungsgrund, S. 12; Krauß, JurPC Web-Dok. 14/2004, Abs. 9; Mengel, BB 2004, S. 2014

105 Dix, Datenschutz im Internet, S. 99; Gola/Wronka, Handbuch zum Arbeitnehmerdatenschutz, Rn. 360

Wenn hingegen auch eine private Nutzung genehmigt oder geduldet wird, werden laut der herrschenden Meinung[106] durch den Arbeitgeber Telekommunikationsdienste erbracht, welche ihn damit zum „Diensteanbieter" i. S. d. TKG machen[107] und ihn somit auch zur Einhaltung des Telekommunikationsgeheimnisses i. S. d. § 88 TKG verpflichten.[108] Eine Verneinung dieser Auffassung wird nur von vereinzelten Stimmen in der Literatur vertreten.[109]

3.1.1.2 Telemediengesetz (TMG)

Das am 26.2.2007 erlassene Telemediengesetz (TMG) ersetzte das Teledienstegesetz (TDG) und das Teledienstedatenschutzgesetz (TDDSG) und regelt somit heute die rechtlichen Anforderungen von Telemedien. Zunächst ist festzustellen, dass nur wenn ein Arbeitgeber die private Nutzung der betrieblichen Kommunikationsmittel erlaubt oder duldet, und er somit als Diensteanbieter i. S. d. TKG zu werten ist, auch eine Wertung als Diensteanbieter i. S. d. TMG in Frage kommt.[110] Aber ob neben der Anwendbarkeit des TKG auch das TMG Anwendung findet, hängt von der Art des angebotenen Telekommunikationsdienstes durch den Arbeitgeber ab. Laut § 1 I TMG zählen alle Diensteanbieter i. S. d. TKG auch als Diensteanbieter i. S. d. TMG, außer jenen, deren Dienstleistungen ausschließlich aus „der Übertragung von Signalen"[111] bestehen.

Somit muss ein Arbeitgeber, welcher die private Nutzung erlaubt oder duldet und lediglich einen reinen Internetzugang ohne Dienste auf Anwendungsebene (wie interne Portale, firmeneigene Suchma-

---

106 Schmitt-Rolfes, AuA 2008, S. 391; Schuster, Die Internetnutzung als Kündigungsgrund, S. 12; Sassenberg/Lammer, DuD 2008, S. 462; Schaar, Das Ende der Privatsphäre, S. 209

107 Lunk, NZA 2009, S. 460; Bernhardt/Barthel, AuA 2008, S. 152; Ostmann/Kappel, AuA 2008, S. 658

108 Schuster, Die Internetnutzung als Kündigungsgrund, S. 12; Schmitt-Rolfes, AuA 2008, S. 391; Schoen, DuD 2008, S. 287

109 Dix, Datenschutz im Internet, S. 98; Gola/Klug, NJW 2007, S. 2456; Schmitt-Rolfes, AuA 2008, S. 391; Henke, IT und Datenschutz im Unternehmen, S. 37

110 Oberwetter, NZA 2008, S. 610; Schuster, Die Internetnutzung als Kündigungsgrund, S. 15f.; Schmitt-Rolfes, AuA 2008, S. 391

111 § 1 I TMG

schinen etc.) anbietet, „nur" das TKG beachten.[112] Wenn neben dem Zugang auch Dienste auf Anwendungsebene angeboten werden, sind sowohl das TKG als auch das TMG zu beachten, wobei in dem Fall gemäß § 11 III TMG neben allen Vorschriften des TKG nur noch einige Datenschutzbestimmungen aus dem TMG Anwendung finden.[113]

3.1.2 Regelung der privaten Nutzung im Betrieb

Ob bei Überwachungsmaßnahmen betrieblicher Kommunikationsmittel durch den Arbeitgeber neben dem BDSG auch das TKG bzw. das TMG Anwendung findet, ist also von der vorgeschriebenen Art der Nutzung durch den Arbeitnehmer abhängig. Generell sollte der Arbeitgeber den erlaubten Umfang der privaten Nutzung für jede Art der Kommunikation[114], also Internetnutzung, E-Mail-Kommunikation und die Nutzung der Telefone verbindlich festlegen. Wenn keine Regeln durch den Arbeitgeber festgelegt wurden, gilt generell ein Verbot der privaten Nutzung aller Kommunikationsmittel.[115] Als Ausnahme gilt die Nutzung bei Notfällen[116] oder die in Kapitel 3.1.1.1[117] erwähnte dienstlich veranlasste private Nutzung.[118] Als Notfälle sind z. B. Behördenangelegenheiten oder die Kontaktaufnahme zu einem erkrankten nahen Angehörigen zu werten.[119]

---

112 Schuster, Die Internetnutzung als Kündigungsgrund, S. 22

113 Schuster, Die Internetnutzung als Kündigungsgrund, S. 22

114 Elschner, Rechtsfragen der Internet- und E-Mail-Nutzung am Arbeitsplatz, S. 38

115 Dann/Gastell, NJW 2008, S. 2947; Kümpers, Einsatz elektronischer Informations- und Kommunikationssysteme am Arbeitsplatz, S. 86; Mengel, BB 2004, S. 2014; Steinau-Steinrück/Glanz, NJW-Spezial 2008, S. 402

116 Mengel, BB 2004, S. 2014; Vehslage, AnwBl 2001, S. 145; Krauß, JurPC Web-Dok. 14/2004, Abs. 13

117 Kapitel 3.1.1.1, S. 16

118 Kümpers, Einsatz elektronischer Informations- und Kommunikationssysteme am Arbeitsplatz, S. 90f.

119 Hanau/Hoeren, Private Internetnutzung durch Arbeitnehmer, S. 21; Kümpers, Einsatz elektronischer Informations- und Kommunikationssysteme am Arbeitsplatz, S. 91; Weißgerber, Arbeitsrechtliche Fragen bei Computerarbeitsplätzen, S. 69f.

Neben der betrieblichen Regelung der privaten Nutzung kommt auch eine konkludente Erlaubnis durch betriebliche Übung oder konkrete Umstände in Betracht.[120] Von betrieblicher Übung kann ausgegangen werden, wenn der Arbeitnehmer über einen längeren Zeitraum, d. h. mindestens 6 bis 12 Monate[121] lang die Kommunikationsmittel in Kenntnis des Arbeitgebers privat genutzt hat und der Arbeitgeber dies auch duldet.[122] Konkrete Umstände liegen dagegen vor, wenn der Arbeitgeber z. B. die private Nutzung der Kommunikationsmittel mit dem Arbeitnehmer abrechnet, im Betrieb für die Mitarbeiter ohne Bildschirmarbeitsplatz Internetterminals eingerichtet wurden oder eine Art der Kommunikation (z. B. private Telefonate) ausdrücklich erlaubt wurden.[123] Mit einer solchen konkludenten Erlaubnis befindet sich aber sowohl der Arbeitgeber als auch der Arbeitnehmer in einer rechtlichen Grauzone, da unklar ist, ob der Arbeitgeber wirklich seine Zustimmung gegeben hat[124], wie er eine eventuelle konkludente Zustimmung wieder zurücknimmt[125] und in welchem Umfang die Nutzung erlaubt ist.[126] Es ist daher ausdrücklich zu empfehlen,[127] eine Regelung im Rahmen einer Betriebsvereinbarung oder durch den Arbeitsvertrag eindeutig zu klären.[128] Es sollte eine generelle und einheitliche Regelung für alle Mitarbeiter getroffen werden,[129] um

120 Krauß, JurPC Web-Dok. 14/2004, Abs. 14; Steinau-Steinrück/Glanz, NJW-Spezial 2008, S. 402

121 Hanau/Hoeren, Private Internetnutzung durch Arbeitnehmer, S. 21; Ueckert, ITRB 2003, 158; Kümpers, Einsatz elektronischer Informations- und Kommunikationssysteme am Arbeitsplatz, S. 92f.; Lelley, Internet am Arbeitsplatz, S. 14

122 Hanau/Hoeren, Private Internetnutzung durch Arbeitnehmer, S. 22; Vehslage, AnwBl 2001, S. 146

123 Vehslage, AnwBl 2001, S. 146; Erler, Die private Nutzung neuer Medien am Arbeitsplatz, S. 18; Hanau/Hoeren, Private Internetnutzung durch Arbeitnehmer, S. 21

124 Erler, Die private Nutzung neuer Medien am Arbeitsplatz, S. 16

125 Hanau/Hoeren, Private Internetnutzung durch Arbeitnehmer, S. 22

126 Olbert, AuA 2008, S. 76; Höld, Die Überwachung von Arbeitnehmern, S. 115

127 Kümpers, Einsatz elektronischer Informations- und Kommunikationssysteme am Arbeitsplatz, S. 86

128 Mengel, BB 2004, S. 2015; Olbert, AuA 2008, S. 76; Gola/Wronka, Handbuch zum Arbeitnehmerdatenschutz, Rn. 362

129 Aghamiri, ITRB 2007, S. 251; Olbert, AuA 2008, S. 76

Misshelligkeiten auf Grund von ungleicher Behandlung zu vermeiden.[130]

Die eindeutigste und gleichzeitig sicherste Methode[131] ist das generelle Verbot der privaten Nutzung betrieblicher Kommunikationsmittel. Allerdings ist hier zu beachten, dass speziell die private Nutzung des Internetzugangs in den Arbeitspausen von vielen Mitarbeitern als Selbstverständlichkeit angesehen wird,[132] und somit ein generelles Verbot zu einem schlechten Betriebsklima führen kann.[133] Dies wurde auch dadurch verstärkt, dass bis zur Urteilssprechung des BAG[134] einige Landgerichte[135] den Standpunkt vertreten haben, dass die private Nutzung des Internets am Arbeitsplatz sozialadäquat,[136] also üblich wäre, und somit generell vom Arbeitgeber zu dulden ist. Außerdem wurde auch in der Literatur die Sinnlosigkeit eines generellen Verbots durch den Arbeitgeber diskutiert, da die private Nutzung des Internets die Fähigkeiten für dienstliche Zwecke am Bildschirmarbeitsplatz trainieren würde und sich positiv auf die Motivation auswirke.[137] Vom ArbG Wesel[138] wurde sogar entschieden, dass der Besuch von Internetseiten im privaten Interesse zur Erlernung der Nutzung des WWW im Rahmen einer betrieblichen „spielerischen An-

---

130 Kümpers, Einsatz elektronischer Informations- und Kommunikationssysteme am Arbeitsplatz, S. 45f. u. S. 92; Hammann/Schmitz/Apitzsch, Überwachung und Arbeitnehmerdatenschutz, S. 38

131 Dann/Gastell, NJW 2008, S. 2947; Olbert, AuA 2008, S. 77

132 Oberwetter, NZA 2008, S. 610; Schmitt-Rolfes, AuA 2008, S. 391

133 Däubler, CR 2005, S. 770; Schmitt-Rolfes, AuA 2008, S. 391; Kümpers, Einsatz elektronischer Informations- und Kommunikationssysteme am Arbeitsplatz, S. 97f.

134 Urteil vom 7.7.2005 – BAG 2 AZR 581/04 und Urteil vom 12.1.2006 – BAG 2 AZR 179/05

135 Schmitt-Rolfes, AuA 2008, S. 391; Dann/Gastell, NJW 2008, S. 2947; Olbert, AuA 2008, S. 76; Bernhardt/Barthel, AuA 2008, S. 150; Kaufmann, DuD 2006, S. 231

136 Ernst, DuD 2006, S. 225; Kümpers, Einsatz elektronischer Informations- und Kommunikationssysteme am Arbeitsplatz, S. 91

137 Kümpers, Einsatz elektronischer Informations- und Kommunikationssysteme am Arbeitsplatz, S. 97; Vehslage, AnwBl 2001, S. 145; Kiper in Schulzki-Haddouti, Bürgerrechte im Netz, S. 105; Krauß, Jur-PC Web-Dok. 14/2004, Abs. 52

138 Urteil vom 21.3.2001 – ArbG Wesel 5 Ca 4021/00

lernphase" auch als dienstliche Nutzung – also ohne Wirkung des TKG oder TMG – interpretiert werden kann, da die Anlernphase im betrieblichen Interesse stattfindet.[139] Wichtig ist aber, dass ein generelles Verbot dennoch zulässig ist,[140] was die Folge hat, dass weder das TMG noch das TKG[141] beachtet werden muss und so eine Überwachung mit den wenigsten Einschränkungen, also „nur" unter Beachtung des BDSG, möglich ist.[142]

Die generelle Erlaubnis ist die arbeitnehmerfreundlichste Methode, welche allerdings in der Praxis keine Option darstellen wird,[143] da in diesem Fall selbst bei exzessiver privater Nutzung die Kündigung oder Überwachung eines Mitarbeiters nur sehr schwer möglich ist.[144]

Die eingeschränkte Erlaubnis mit Regelungen über den Umfang der Nutzung erscheint demgegenüber als praktikable Variante. Es könnte z. B. durch den Arbeitgeber festgelegt werden, dass vor Arbeitsbeginn, während der Arbeitspausen und nach Feierabend die Nutzung des Internets und der E-Mail-Kommunikation gestattet ist. Außerdem sind weitere Einschränkungen bezüglich zeitlicher, inhaltlicher und örtlicher Art empfehlenswert[145], wie z. B. eine Begrenzung der maximalen täglichen Nutzungsdauer und des Transfervolumens, ein Verbot des Besuchs rassistischer, radikaler und pornografischer Webseiten[146] sowie eine Verpflichtung zur Einhaltung der gültigen Gesetze (z. B. kein Download urheberrechtlich geschützter Werke).

---

139 Mattl, Die Kontrolle der Internet- und E-Mail-Nutzung am Arbeitsplatz, S. 30; Kümpers, Einsatz elektronischer Informations- und Kommunikationssysteme am Arbeitsplatz, S. 89

140 Erler, Die private Nutzung neuer Medien am Arbeitsplatz, S. 13; Mengel, BB 2004, S. 2014; Vehslage, AnwBl 2001, S. 145; Maschmann, Festschrift für Wolfgang Hromadka zum 70. Geburtstag, S. 248; Hanau/Hoeren, Private Internetnutzung durch Arbeitnehmer, S. 20

141 Krauß, JurPC Web-Dok. 14/2004, Abs. 16

142 Bernhardt/Barthel, AuA 2008, S. 152; Lunk, NZA 2009, S. 460f.; Steinau-Steinrück/Glanz, NJW-Spezial 2008, S. 402

143 Schmitt-Rolfes, AuA 2008, S. 391

144 Olbert, AuA 2008, S. 76

145 Elschner, Rechtsfragen der Internet- und E-Mail Nutzung am Arbeitsplatz, S. 38; Hanau/Hoeren, Private Internetnutzung durch Arbeitnehmer, S. 23ff.; Mengel, BB 2004, S. 2015ff.; Kümpers, Einsatz elektronischer Informations- und Kommunikationssysteme am Arbeitsplatz, S. 87

146 Vehslage, AnwBl 2001, S. 146

Regelungen dieser Art können negative Auswirkungen privater Computernutzung auf den Arbeitgeber minimieren, wie z. B. strafrechtliche Konsequenzen, hohe Mehrkosten oder eine überdurchschnittliche Mehrbelastung des Computernetzwerkes im Betrieb.[147] Außerdem sollte festgelegt werden, dass es sich beim Nutzungsrecht um eine freiwillige Leistung handelt, welche jederzeit widerrufen werden kann[148] und es sollten Regelungen für eine mögliche Kontrolle durch den Arbeitgeber getroffen werden.[149] Vor allem letztere sollten sehr sorgfältig formuliert werden[150]. Wichtig ist hierbei, die Reichweite der Überwachung und der Umfang der erfassten Daten anzugeben, um eine Einwilligung des Arbeitsnehmers zu garantieren.[151] Allerdings ist bei einer eingeschränkten Nutzung auch das TKG und bei der Bereitstellung von Diensten auf der Anwendungsebene (Portale, Suchmaschinen etc.) das TMG zu beachten. Als Einschränkung für die Telefonkommunikation kann beispielsweise eine PIN für private Telefonate vergeben und so ein maximaler Kostenrahmen festgelegt werden.[152]

Nachdem nun feststeht, wann welche Gesetze Anwendung finden, betrachten wir im Anschluss die verschiedenen Arten der betrieblichen Kommunikation sowie die rechtlichen Rahmenbedingungen für eine Überwachung durch den Arbeitgeber.

3.1.3 Telefonkommunikation

Die Kommunikationsform Telefon, welche noch vor einigen Jahren die einzige Möglichkeit zum „Informationsaustausch in Echtzeit" für ein Unternehmen dargestellt hat, verliert durch die technische Weiterentwicklung immer weiter an Bedeutung. Die Verständigung durch E-Mail-Nachrichten funktioniert beinahe in Echtzeit und hat den Vorteil,

147 Koeppen, Rechtliche Grenzen der Kontrolle der E-Mail- und Internetnutzung am Arbeitsplatz, S. 28f.

148 Gola/Wronka, Handbuch zum Arbeitnehmerdatenschutz, Rn. 332

149 Kümpers, Einsatz elektronischer Informations- und Kommunikationssysteme am Arbeitsplatz, S. 87ff.

150 Sassenberg/Bamberg, DuD 2006, S. 228

151 Kümpers, Einsatz elektronischer Informations- und Kommunikationssysteme am Arbeitsplatz, S. 190f.

152 Däubler, Gläserne Belegschaften, Rn. 340; Höld, Die Überwachung von Arbeitnehmern, S. 150

dass überdies auch Dokumente übertragen werden können. Außerdem wird dadurch die Kommunikation vor allem in andere Länder viel kostengünstiger als per Telefon. Doch es gibt auch Gründe, warum das Telefon weiterhin eine wichtige Position im Unternehmen hat.[153] Der wichtigste ist wohl die Tatsache, dass die zwischenmenschliche Kommunikation per E-Mail sehr eingeschränkt ist, was für ein gesundes Arbeitsklima nicht förderlich ist. Außerdem können Missverständnisse bei einem Telefonat schneller als per Mail „aus der Welt geschafft" werden. Auf der technischen Seite wird die Telefonkommunikation stets weiterentwickelt. Derzeit sind durch internetbasierte Voice-over-IP (VOIP) Telefonie auch internationale Telefonate zu minimalen Kosten möglich. Die Einführung von Videotelefonie ermöglicht z. B. Videokonferenzen, was zu einer enormen Zeit- und Kostenersparnis führt, da nicht alle Beteiligten anreisen bzw. einen Konferenzraum aufsuchen müssen. Die technische Entwicklung zeigt also, dass, auch wenn andere Kommunikationsmittel immer mehr an Bedeutung gewinnnen, in den nächsten Jahren die Telefonkommunikation immer noch ein wichtiger betrieblicher Bestandteil sein wird, weswegen auch die rechtliche Zulässigkeit einer Telefonüberwachung eine interessante Frage ist.

3.1.3.1 Technische Möglichkeiten

Die Überwachung der Telekommunikation ist beim heutigen technologischen Stand relativ einfach umzusetzen. Die meisten gewerblichen Telefonanlagen bieten, ob in Form einer ISDN-Telefonanlage oder eines VOIP-PBX-Servers[154], heute vom Werk aus eine Vielzahl von Überwachungsmöglichkeiten. Von der Erfassung der Gesprächsdaten (eigene oder externe Rufnummer, Zeitpunkt und Gesprächsdauer)[155] bis hin zur Rufumleitung oder Aufzeichnung der Inhalte der Gespräche[156] sind heute viele dieser Komfortfunktionen bereits integriert und

---

153 Höld, Die Überwachung von Arbeitnehmern, S. 114

154 VOIP-PBX steht für „Voice-over-IP Private-Branch-Exchange", und stellt eine Telefonanlage für VOIP-Verbindungen im Unternehmen dar. Bei einer reinen VOIP-Lösung ohne ISDN-Telefone ist nur ein Server mit einer entsprechenden Software notwendig – wie z. B. die Asterisk-Software (www.asterisk.org)

155 Höld, Die Überwachung von Arbeitnehmern, S. 116

156 Höld, Die Überwachung von Arbeitnehmern, S. 116f.

müssen lediglich konfiguriert und aktiviert werden. Falls nicht, ist es i. d. R. ohne großen Aufwand möglich, die erforderlichen Funktionen nachzurüsten. Auch für die Unterscheidung von dienstlichen und privaten Telefonaten stehen Möglichkeiten wie eine spezielle Vorwahl und PIN, beim ISDN[157] ein Apparat im Pausenraum ausschließlich für private Gespräche[158] oder eine spezielle, PIN- geschützte „private Leitung" beim VOIP, welche vor der Ausführung eines privaten Telefonats gewählt werden muss, zur Verfügung. Dadurch kann man zwischen Privat- und Dienstgesprächen unterscheiden und einen Einfluss auf die Erfassung der Daten nehmen.

3.1.3.2 Spezifische Interessen des Arbeitgebers

Wie bereits erwähnt, sind neben der inhaltlichen Überwachung der Telefonkommunikation zur Aufdeckung von Wirtschaftsstraftaten auch die Überwachung der Verbindungsdaten zur Feststellung einer zusätzlichen Kostenbelastung und der Missbrauch von Arbeitszeit bei einer exzessiven privaten Nutzung[159] Gründe für den Arbeitgeber, die Telefonkommunikation zu kontrollieren. In der heutigen Zeit ist die zusätzliche Kostenbelastung von vielen Faktoren abhängig. Bei einem VOIP-basierenden Telefonanschluss sind die Verbindungspreise sehr gering im Vergleich zu einem ISDN-Anschluss, allerdings sind in der Regel die Telefonanschlüsse auf eine gewisse Anzahl gleichzeitiger Verbindungen beschränkt, was im Falle einer starken privaten Nutzung z. B. in der Mittagszeit einen Engpass in der Erreichbarkeit des Unternehmens verursachen kann. Dies hat wiederum eine Aufstockung der möglichen Verbindungen des Telefonanschlusses zur Folge und verursacht zusätzliche Kosten. Aber auch bei VOIP-Telefonaten kann durch die exzessive Anwahl von Mobilfunkanschlüssen und Servicerufnummern eine große Kostenbelastung für den Arbeitgeber entstehen, was die Überwachungsmotivation des Arbeitgebers evtl. verstärkt.

---

157 Henke, IT und Datenschutz im Unternehmen, S. 65; Däubler, Gläserne Belegschaften, Rn. 340; Höld, Die Überwachung von Arbeitnehmern, S. 150; Grosjean, DER BETRIEB 2003, S. 2651f.; Lunk, NZA 2009, S. 460

158 Grobys, Die Überwachung von Arbeitnehmern in Call Centern, S. 77

159 Höld, Die Überwachung von Arbeitnehmern, S. 116

Allerdings kollidiert das Überwachungs- und Kontrollinteresse des Arbeitgebers, welches durch das Kontrollbedürfnis begründet ist, mit dem allgemeinen Persönlichkeitsrecht des Arbeitnehmers, was in der Praxis oftmals zu rechtlichen Konflikten oder sogar zu einer strafrechtlichen Verfolgung des Arbeitgebers nach § 201 StGB bzw. § 206 StGB führen kann, wenn dieser die Inhaltsdaten, also das gesprochene Wort eines Telefongesprächs, unberechtigterweise mithört oder aufzeichnet.[160]

3.1.3.3 Ausschließlich dienstliche Nutzung

Wenn eine private Nutzung der betrieblichen Telefonanlage durch den Arbeitgeber generell untersagt wurde, ist eine Überwachung der reinen Verbindungsdaten – oder nach dem neuen TKG auch „Verkehrsdaten" genannt[161] - aller Telefonate des Arbeitnehmers über die betriebliche Telefonanlage zulässig.[162] Die Zulässigkeit der Speicherung der Zielrufnummer ist in der Literatur umstritten,[163] weswegen eine verkürzte Speicherung empfohlen wird.[164] Es ist auch zu beachten, dass die Überwachung nicht permanent und nur stichprobenartig erfolgen darf. Durch die ausschließlich dienstliche Nutzungsberechtigung der Arbeitnehmer gilt der Arbeitgeber auch nicht als Diensteanbieter i. S. d. TKG und des TMG,[165] somit müssen nur das BDSG und die durch das GG begründeten persönlichen Schutzrechte des Arbeitnehmers beachtet werden. Da der Arbeitgeber davon ausgeht, dass aufgrund des Verbotes keine private Nutzung stattfindet, kann der

---

160 Gola/Wronka, Handbuch zum Arbeitnehmerdatenschutz, Rn. 345; Höld, Die Überwachung von Arbeitnehmern, S. 136; Tinnefeld/Ehmann/Gerling, Einführung in das Datenschutzrecht, S. 37

161 Dix, Datenschutz im Internet, S. 181

162 Mattl, Die Kontrolle der Internet- und E-Mail-Nutzung am Arbeitsplatz, S. 55; Höld, Die Überwachung von Arbeitnehmern, S. 151; Däubler, Gläserne Belegschaften, Rn. 349

163 Erler, Die private Nutzung neuer Medien am Arbeitsplatz, S. 129; Lunk, NZA 2009, S. 460

164 Henke, IT und Datenschutz im Unternehmen, S. 58; Gola/Wronka, Handbuch zum Arbeitnehmerdatenschutz, Rn. 335; Pfalzgraf, Arbeitnehmerüberwachung, S. 105

165 Grobys, Die Überwachung von Arbeitnehmern in Call Centern, S. 77

Arbeitnehmer sich im Falle der Überwachung eines unrechtmäßigen privaten Gesprächs nicht auf eine Schutzwirkung berufen, welche für private Gespräche gilt.[166]

Das Mit- bzw. Abhören der Gespräche ist nur unter der Berücksichtigung des Rechts am gesprochenen Wort[167] und somit unter Berücksichtigung des allgemeinen Persönlichkeitsrechts und des Fernmeldegeheimnisses nach Art. 10 GG zulässig.[168] Also auch bei rein dienstlichen Gesprächen ist eine Überwachung der Inhaltsdaten nur sehr bedingt zulässig.[169] Vereinzelt stößt man in der Literatur selbst im Falle einer Bedrohung der Funktionsfähigkeit des Betriebes oder der versuchten Verhinderung einer Straftat auf grundsätzliche Ablehnung, wenn es um die Frage nach der Zulässigkeit einer Überwachung des gesprochenen Wortes geht.[170] Der überwiegende Teil der Experten wertet jedoch einen auf objektive Tatsachen gestützten, begründeten Verdacht auf eine Straftat oder eine schwerwiegende Vertragsverletzung, wie z. B. der Verrat von Geschäftsgeheimnissen oder Mobbing an Arbeitskollegen, als Berechtigung zur Überwachung der Gesprächsinhalte.[171] Allerdings gelten Gründe wie die Überprüfung anhand der Gesprächsinhalte, ob ein Gespräch dienstlicher oder priva-

---

166 Hanau/Hoeren, Private Internetnutzung durch Arbeitnehmer, S. 40; Erler, Die private Nutzung neuer Medien am Arbeitsplatz, S. 127

167 Erler, Die private Nutzung neuer Medien am Arbeitsplatz, S. 131; Oberwetter, NZA 2008, S. 611

168 siehe BVerfG, Beschluss vom 19.12.1991 1 BvR 382/85 u. Beschluss vom 9.10.2002 1 BvR 1611/96, 1 BvR 805/98

169 Weißgerber, Arbeitsrechtliche Fragen bei Computerarbeitsplätzen, S. 151; Gola/Wronka, Handbuch zum Arbeitnehmerdatenschutz, Rn. 345; Höld, Die Überwachung von Arbeitnehmern, S. 120; Däubler, Gläserne Belegschaften, Rn. 347; Henke, IT und Datenschutz im Unternehmen, S. 59; Elschner, Rechtsfragen der Internet- und E-Mail Nutzung am Arbeitsplatz, S. 278

170 Mattl, Die Kontrolle der Internet- und E-Mail-Nutzung am Arbeitsplatz, S. 53f.

171 Gola/Wronka, Handbuch zum Arbeitnehmerdatenschutz, Rn. 347; Höld, Die Überwachung von Arbeitnehmern, S. 141; Tinnefeld/Ehmann/Gerling, Einführung in das Datenschutzrecht, S. 37; Henke, IT und Datenschutz im Unternehmen, S. 60; Elschner, Rechtsfragen der Internet- und E-Mail Nutzung am Arbeitsplatz, S. 281f.; Andres, Die Integration moderner Technologien in den Betrieb, S. 193; Erler, Die private Nutzung neuer Medien am Arbeitsplatz, S. 132f.

ter Natur ist, nicht als überwiegendes Interesse des Arbeitgebers gegenüber dem Recht am gesprochenen Wort des Arbeitnehmers und rechtfertigen somit nicht – auch nicht stichprobenartig – eine Überwachung.[172]

Eine Ausnahme ist das Mithören im Rahmen von Kontroll- und Ausbildungszwecken[173], wenn der Arbeitnehmer informiert wird und in die Überwachung einwilligt.[174] Die Einwilligung kann durch eine Betriebsvereinbarung oder, wenn branchenüblich (z. B. bei Call-Centern), im Arbeitsvertrag erfolgen.[175] Allerdings muss in diesem Fall auch der externe Gesprächspartner einer Aufzeichnung aus „Qualitätssicherungsgründen" zustimmen.[176]

3.1.3.4 Gemischte Nutzung

Bei einer gemischten Nutzung, also der Nutzung der betrieblichen Telefonanlage für dienstliche und private Gespräche, gelten strengere Regeln für die Überwachung als bei einer rein dienstlichen Nutzung. Es ist zu empfehlen, eine Regelung zu finden, die eine eindeutige Unterscheidung zwischen privaten und dienstlichen Telefonaten ermöglicht. Wenn dies nicht möglich ist, sind alle Gespräche bezüglich des Schutzumfangs als private Gespräche zu behandeln und dann muss auch das TKG und ggf. das TMG für die dienstlichen Telefonate beachtet werden.[177]

---

172 Weißgerber, Arbeitsrechtliche Fragen bei Computerarbeitsplätzen, S. 153f.; Gola/Wronka, Handbuch zum Arbeitnehmerdatenschutz, Rn. 347; Höld, Die Überwachung von Arbeitnehmern, S. 141

173 Lunk, NZA 2009, S. 460; Dann/Gastell, NJW 2008, S. 2948

174 Weißgerber, Arbeitsrechtliche Fragen bei Computerarbeitsplätzen, S. 149; Höld, Die Überwachung von Arbeitnehmern, S. 143; Gola/Wronka, Handbuch zum Arbeitnehmerdatenschutz, Rn. 349; Henke, IT und Datenschutz im Unternehmen, S. 59f.; Andres, Die Integration moderner Technologien in den Betrieb, S. 193; Kiper in Schulzki-Haddouti, Bürgerrechte im Netz, S. 99; Ostmann/
Kappel, AuA 2008, S. 658

175 Gola/Wronka, Handbuch zum Arbeitnehmerdatenschutz, Rn. 359; Höld, Die Überwachung von Arbeitnehmern, S. 143

176 Erler, Die private Nutzung neuer Medien am Arbeitsplatz, S. 132

177 Höld, Die Überwachung von Arbeitnehmern, S. 137

Die Verbindungsdaten von privaten Gesprächen dürfen nur unter bestimmten Voraussetzungen überwacht werden. Dies ist zum Beispiel dann der Fall, wenn die privaten Telefonate mit dem Arbeitnehmer abgerechnet werden. Hier dürften dann zu Abrechungszwecken der Zeitpunkt, die Dauer, der benutzte Anschluss und die Gebühren erfasst werden.[178] Die Zielrufnummer darf nur, falls es zur Abrechnung erforderlich ist, erfasst und ausgewertet werden.[179] Dies wäre z. B. dann nötig, wenn eine Unterscheidung zwischen dienstlichen und privaten Gesprächen nur durch die Auswertung der Zielrufnummer möglich ist.[180] Ansonsten ist eine Erfassung der Zielrufnummer nur auf Wunsch des Arbeitnehmers und zur Überprüfung der abgerechneten Telefonkosten komplett oder in verkürzter Form möglich.[181] Die erfassten Daten dürfen ausschließlich für Abrechnungszwecke mit dem Arbeitnehmer verwendet werden, eine Zweckentfremdung ist nicht zulässig.[182] Falls die private Nutzung unentgeltlich erfolgt, ist eine Überwachung nur im konkreten Missbrauchsfall zulässig[183]. In diesem Fall kann sie auch eine vollständige Speicherung der Zielrufnummer beinhalten[184].

Die Überwachung der Inhaltsdaten, also das Mit- oder Abhören der Gespräche, ist wie bei den dienstlichen Gesprächen durch das Recht am gesprochenen Wort[185] geschützt.[186] Jedoch handelt es sich hier bei der Überwachung um einen noch tiefergreifenden Eingriff in die Privatsphäre des Arbeitnehmers und durch den zusätzlichen Schutz des § 88 TKG sind die Abwägungsgründe bei einem auf objek-

---

178 Elschner, Rechtsfragen der Internet- und E-Mail Nutzung am Arbeitsplatz, S. 204; Kiper in Schulzki-Haddouti, Bürgerrechte im Netz, S. 102

179 Däubler, Gläserne Belegschaften, Rn. 367; Mattl, Die Kontrolle der Internet- und E-Mail-Nutzung am Arbeitsplatz, S. 56; Wohlgemuth, Datenschutzrecht, Rn. 306; Grosjean, DER BETRIEB 2003, S. 2651f.

180 Erler, Die private Nutzung neuer Medien am Arbeitsplatz, S. 129

181 Henke, IT und Datenschutz im Unternehmen, S. 62; Höld, Die Überwachung von Arbeitnehmern, S. 172; Pfalzgraf, Arbeitnehmerüberwachung, S. 106

182 Henke, IT und Datenschutz im Unternehmen, S. 59

183 Lunk, NZA 2009, S. 460

184 Erler, Die private Nutzung neuer Medien am Arbeitsplatz, S. 129f.

185 Art. 1 I i.V.m. Art. 2 I GG

186 Höld, Die Überwachung von Arbeitnehmern, S. 119

tive Tatsachen gestützten begründeten Verdacht noch restriktiver zu behandeln als bei einem dienstlichen Gespräch.[187]

Die Sperrung verschiedener Rufnummern oder Rufnummerngruppen (beispielsweise Mehrwertdienste 0900 etc.) im Rahmen eines automatischen Filters in der Telefonanlage durch den Arbeitgeber ist zulässig.[188]

3.1.4 E-Mail-Kommunikation

Es ist unumstritten, dass die Einführung eines E-Mail-Systems in einem Unternehmen durch die Einsparung von Zeit und Kosten (im Vergleich zu Nutzung des Postwegs) und den Zuwachs an Komfort (im Vergleich zum Telefax) eine effektivere Arbeitsweise ermöglicht. Außerdem liegt der Vorteil für international agierende Unternehmen auf der Hand, dass eine Kommunikation über mehrere Zeitzonen durch die Entkopplung von Zeitpunkt des Versendens und Zeitpunkt des Lesens stark vereinfacht wird.[189] Die betriebliche E-Mail-Kommunikation stellt, wie schon angesprochen,[190] heute schon die wichtigste Art der Telekommunikation im Unternehmen dar.[191] Dies wird z. B. durch eine Aussage von Intel-Chef Andrew S. Grove unterstrichen, dass er sein Unternehmen notfalls ohne Licht, Klimaanlage und Heizung führen könnte, aber niemals ohne E-Mail.[192] Aber auch die private Telekommunikation findet heute nicht mehr ausschließlich per Telefon statt – auch hier sind E-Mail-Nachrichten, SMS[193] und diverse internetbasierte soziale Netzwerke zu sehr wichtigen Telekommunikationsmitteln geworden. Daher liegt es zum Großteil auch

187 Mattl, Die Kontrolle der Internet- und E-Mail-Nutzung am Arbeitsplatz, S. 54; Höld, Die Überwachung von Arbeitnehmern, S. 166f.; Wolf/Mulert, BB 2008, S. 444

188 Gola/Wronka, Handbuch zum Arbeitnehmerdatenschutz, Rn. 365

189 Höld, Die Überwachung von Arbeitnehmern, S. 113; Mattl, Die Kontrolle der Internet- und E-Mail-Nutzung am Arbeitsplatz, S. 15

190 Kapitel 3.1.3., S. 22

191 Höld, Die Überwachung von Arbeitnehmern, S. 113; Mattl, Die Kontrolle der Internet- und E-Mail-Nutzung am Arbeitsplatz, S. 15

192 Mattl, Die Kontrolle der Internet- und E-Mail-Nutzung am Arbeitsplatz, S. 15

193 SMS steht für „Short Message Service" (ein textbasierter Nachrichtendienst für Mobilfunknetze)

im Interesse des Arbeitnehmers, dass er im Betrieb die Möglichkeiten der E-Mail-Kommunikation auch privat nutzen kann.

3.1.4.1 Technische Möglichkeiten

Auch im Bereich der E-Mail-Kommunikation sind die technischen Möglichkeiten in der heutigen Zeit meist schon gegeben. Vor allem wenn ein eigener Mailserver im Unternehmen vorhanden ist (siehe Abb. 2), kann der Mailserver in der Art konfiguriert werden, dass jede empfangene oder gesendete Mail einen Eintrag in die Log-Files des Servers verursacht, so dass die Verbindungsdaten (Senderadresse, Empfängeradresse, Zeitpunkt und Größe der E-Mail-Nachricht) aufgezeichnet werden. Zur inhaltlichen Überwachung des E-Mail-Verkehrs ist die automatische Umleitung einer Kopie der E-Mail-Nachrichten an ein Überwachungspostfach möglich. Zur Unterscheidung von privaten und dienstlichen E-Mail-Nachrichten ist hier zu empfehlen, jeweils ein eigenes Mailkonto sowohl für die dienstlichen als auch für die privaten Nachrichten mit jeweils eigener E-Mail-Adresse einzurichten.[194]

In Unternehmen, welche keinen eigenenj Mailserver betreiben oder keinen ausreichenden Zugriff auf den Mailserver haben (siehe Abb. 3), kommt noch die Überwachung des Datenverkehrs am sogenannten „Gateway", also dem Verbindungsgerät zwischen dem internen Unternehmensnetzwerk und dem öffentlichen Internet in Frage.[195] Der Gateway ist ein Netzwerkrouter[196], welcher allein oder in Kombination mit einer Firewall[197] die Zuteilung der eingehenden Netzwerk-

194 Hanau/Hoeren, Private Internetnutzung durch Arbeitnehmer, S. 54; Kümpers, Einsatz elektronischer Informations- und Kommunikationssysteme am Arbeitsplatz, S. 192; Elschner, Rechtsfragen der Internet- und E-Mail Nutzung am Arbeitsplatz, S. 194; Schuster, Die Internetnutzung als Kündigungsgrund, S. 63; Wiele, DuD 2009, S. 687

195 Ueckert, ITRB 2003, S. 159

196 Ein Netzwerkgerät, das alle eingehenden Netzwerkpakete öffnet und den jeweiligen Computern im Unternehmensnetzwerk zuordnet und weiterleitet

197 Ein Netzwerkgerät, das alle Netzwerkpakete öffnet und anhand von Regeln unerwünschte Pakete aussortiert – ein Vorgang zum Schutz vor Angriffen aus dem Internet

pakete aus dem öffentlichen Internet übernimmt.[198] Diese Geräte protokollieren standardmäßig den Netzwerkverkehr, um eine Fehlersuche oder den Nachweis eines Angriffes zu ermöglichen.[199] Grundsätzlich ist die Auswertung der Protokolle streng an diese Zwecke gebunden.[200] Für eine Überwachung zur Auswertung der Nutzung ist daher zu empfehlen, eine zusätzliche Protokollierung des Datenverkehrs zwischen den Arbeitsplatzrechnern und dem Mailserver im öffentlichen Internet anhand von Filterregeln festzulegen, um die Erfassung von Daten außerhalb des zulässigen Rahmens zu verhindern. Es kann sowohl eine Aufzeichnung der reinen Verbindungsdaten als auch die Aufzeichnung der Inhaltsdaten erfolgen.[201]

Eine dritte Stelle, an der die Überwachung erfolgen kann, wäre der Arbeitsplatzrechner des Arbeitnehmers. Hier könnte durch die Einsicht in den Posteingang bzw. Postausgang in dem verwendeten E-Mail-Programm die E-Mail-Kommunikation des Arbeitnehmers eingesehen werden.[202] Falls der Arbeitnehmer allerdings die E-Mail-Nachrichten gelöscht hat und anschließend einen eventuell vorhandenen elektronischen Papierkorb geleert hat, ist es eventuell nur noch mit großem Aufwand möglich die Daten zu rekonstruieren.[203] Eine wesentlich zuverlässigere Methode wäre die Installation einer Überwachungssoftware auf dem Arbeitsplatzrechner, welche die Auf-

198 Hanau/Hoeren, Private Internetnutzung durch Arbeitnehmer, S. 15; Mattl, Die Kontrolle der Internet- und E-Mail-Nutzung am Arbeitsplatz, S. 24; Höld, Die Überwachung von Arbeitnehmern, S. 186

199 Mattl, Die Kontrolle der Internet- und E-Mail-Nutzung am Arbeitsplatz, S. 24

200 Hanau/Hoeren, Private Internetnutzung durch Arbeitnehmer, S. 50f.; Kümpers, Einsatz elektronischer Informations- und Kommunikationssysteme am Arbeitsplatz, S. 191

201 Mattl, Die Kontrolle der Internet- und E-Mail-Nutzung am Arbeitsplatz, S. 24f.

202 Hanau/Hoeren, Private Internetnutzung durch Arbeitnehmer, S. 15; Höld, Die Überwachung von Arbeitnehmern, S. 201; Hartenauer, Grenzen der Kontrolle im Betrieb, S. 12; Schuster, Die Internetnutzung als Kündigungsgrund, S. 70

203 Mattl, Die Kontrolle der Internet- und E-Mail-Nutzung am Arbeitsplatz, S. 23

zeichnung von Verbindungsdaten bzw. der E-Mail-Inhalte übernimmt.[204]

Abb. 2 – Potentielle Überwachungspositionen bei internem Mailserver

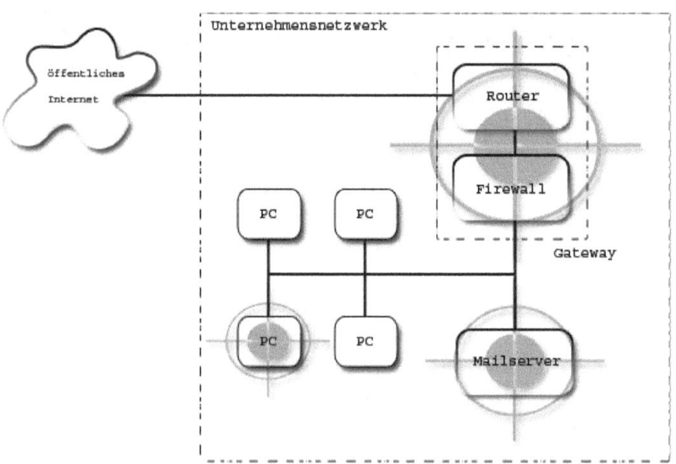

© Marc Wolkerseder

204 Hanau/Hoeren, Private Internetnutzung durch Arbeitnehmer, S. 15; Mattl, Die Kontrolle der Internet- und E-Mail-Nutzung am Arbeitsplatz, S. 25f.; Kümpers, Einsatz elektronischer Informations- und Kommunikationssysteme am Arbeitsplatz, S. 51; Kiper in Schulzki-Haddouti, Bürgerrechte im Netz, S. 93f.

Abb. 3 – Potentielle Überwachungspositionen bei externem Mailserver

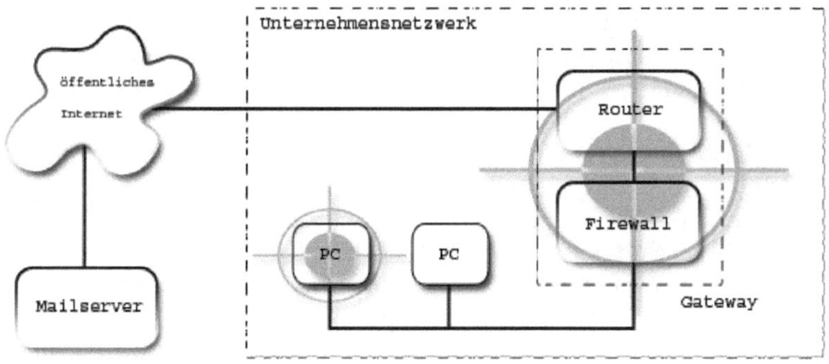

3.1.4.2 Spezifische Interessen des Arbeitgebers

Für die Überwachung der E-Mail-Kommunikation sprechen die gleichen Interessen des Arbeitgebers, welche für die Überwachung der Telefonkommunikation relevant sind: die Aufdeckung von Wirtschaftsstraftaten,[205] z. B. durch die Versendung vertraulicher Informationen per E-Mail-Nachricht, die zusätzliche Kostenbelastung[206] und der Missbrauch von Arbeitszeit.[207] Außerdem liegt evtl. ein Interesse an der Aufdeckung weiterer Straftaten vor,[208] da der zur Verfügung gestellte E-Mail-Account beispielsweise für das Versenden urheberrechtlich geschützter Werke oder illegaler Daten missbraucht werden kann.[209] Eine exzessive Nutzung des betrieblichen E-Mail-Systems, die eine Überlastung des Systems (beispielsweise durch den Versand von Spam-Mails oder zahlreichen E-Mail-Nachrichten mit großen Dateianhängen[210]) und damit eine Beeinträchtigung der betrieblichen E-Mail-Kommunikation bewirkt,[211] ist ein weiteres großes Problem, welches unter Umständen auch große Kosten für den Arbeitgeber verursachen kann. Auch hier besteht ein Überwachungsinteresse des Arbeitgebers, welches mit dem allgemeinen Persönlichkeitsrecht des Arbeitnehmers kollidiert.[212]

---

205 Koeppen, Rechtliche Grenzen der Kontrolle der E-Mail- und Internetnutzung am Arbeitsplatz, S. 29; Kümpers, Einsatz elektronischer Informations- und Kommunikationssysteme am Arbeitsplatz, S. 100; Höld, Die Überwachung von Arbeitnehmern, S. 116

206 Mattl, Die Kontrolle der Internet- und E-Mail-Nutzung am Arbeitsplatz, S. 18

207 Kümpers, Einsatz elektronischer Informations- und Kommunikationssysteme am Arbeitsplatz, S. 100; Mattl, Die Kontrolle der Internet- und E-Mail-Nutzung am Arbeitsplatz, S. 17f.

208 Koeppen, Rechtliche Grenzen der Kontrolle der E-Mail- und Internetnutzung am Arbeitsplatz, S. 29; Hanau/Hoeren, Private Internetnutzung durch Arbeitnehmer, S. 29

209 Kümpers, Einsatz elektronischer Informations- und Kommunikationssysteme am Arbeitsplatz, S. 100f.; Mattl, Die Kontrolle der Internet- und E-Mail-Nutzung am Arbeitsplatz, S. 19f.; Hanau/Hoeren, Private Internetnutzung durch Arbeitnehmer, S. 29ff.

210 Hanau/Hoeren, Private Internetnutzung durch Arbeitnehmer, S. 28

211 Höld, Die Überwachung von Arbeitnehmern, S. 202; Hanau/Hoeren, Private Internetnutzung durch Arbeitnehmer, S. 24

212 Lelley, Internet am Arbeitsplatz, Rn. 75

3.1.4.3 Ausschließlich dienstliche Nutzung

Im Falle eines absoluten Verbotes der privaten Nutzung des betrieblichen E-Mail-Systems durch den Arbeitnehmer ist ausschließlich von der dienstlichen Nutzung auszugehen.[213] Daher sind bei den Überwachungsmaßnahmen nur die Vorschriften des BDSG und der allgemeine Persönlichkeitsschutz zu beachten.[214] Eine Aufzeichnung der Verbindungsdaten der gesamten E-Mail-Kommunikation ist zulässig, soweit ein berechtigtes Interesse des Arbeitgebers besteht. Durch die angesprochenen spezifischen Interessen des Arbeitgebers liegt ein Grund zur Missbrauchs-, Kosten- und Leistungskontrolle des Arbeitgebers vor,[215] welcher nicht in Form einer Dauerüberwachung, sondern nur stichprobenartig erfolgen darf.[216]

Bezüglich des Umfangs der Überwachung ist festzustellen, dass die Erfassung der Verbindungsdaten grundsätzlich zulässig ist,[217] bei eingehenden E-Mail-Nachrichten dürfen sowohl die Absender- als auch die Empfängeradresse erfasst werden,[218] zu ausgehenden E-Mail-Nachrichten gibt es unterschiedliche Expertenmeinungen. Eine Seite vertritt die Auffassung, dass eine vollständige Erfassung zulässig ist[219], da sie die Ausführlichkeit einer E-Mail-Adresse mit dem „zu Händen von"-Vermerk in einem Geschäftsbrief gleichsetzt[220]. Andere hingegen gestatten die Erfassung der Empfängeradresse eines unternehmensex-

213 Hanau/Hoeren, Private Internetnutzung durch Arbeitnehmer, S. 53f.

214 Lelley, Internet am Arbeitsplatz, Rn. 64; Oberwetter, NZA 2008, S. 611; Gola/Klug, NJW 2007, S. 2456

215 Kümpers, Einsatz elektronischer Informations- und Kommunikationssysteme am Arbeitsplatz, S. 193

216 Gola/Wronka, Handbuch zum Arbeitnehmerdatenschutz, Rn. 357; Oberwetter, NZA 2008, S. 611

217 Hanau/Hoeren, Private Internetnutzung durch Arbeitnehmer, S. 52f.; Henke, IT und Datenschutz im Unternehmen, S. 71f.; Koeppen, Rechtliche Grenzen der Kontrolle der E-Mail- und Internetnutzung am Arbeitsplatz, S. 155ff.; Wolf/Mulert, BB 2008, S. 442

218 Weißgerber, Arbeitsrechtliche Fragen bei Computerarbeitsplätzen, S. 201f.

219 Gola/Wronka, Handbuch zum Arbeitnehmerdatenschutz, Rn. 354; Weißgerber, Arbeitsrechtliche Fragen bei Computerarbeitsplätzen, S. 200; Henke, IT und Datenschutz im Unternehmen, S. 71f.; Wolf/Mulert, BB 2008, S. 442f.; Mengel, BB 2004, S. 2016

220 Höld, Die Überwachung von Arbeitnehmern, S. 198

ternen Dritten nur auszugsweise, also verkürzt,[221] oder halten sie gar für absolut unzulässig[222]. Eine Ausnahme, welche eine vollständige Erfassung zulässt, wäre ein konkreter Verdacht auf die Verletzung von Rechtsgütern des Arbeitgebers, wie z. B. bei der Versendung von Betriebsgeheimnissen.[223] Außerdem müssen E-Mail-Konten von Geheimnisträgern, welche durch ihren Beruf (z. B. Betriebsärzte) zur Verschwiegenheit verpflichtet sind, von der Erfassung ausgenommen werden.[224]

Einige Rechtsexperten setzen die Inhaltsdaten einer dienstlichen E-Mail-Nachricht einem Geschäftsbrief gleich[225], andere eher mit einem Telefonat.[226] Allerdings ist die Mehrheit der Meinung, dass der Inhalt der dienstlichen E-Mail-Nachrichten vom Arbeitgeber uneingeschränkt eingesehen werden kann, nachdem der Arbeitnehmer darüber in Kenntnis gesetzt wurde[227]. Nur wenige setzen dafür einen

---

221 Elschner, Rechtsfragen der Internet- und E-Mail Nutzung am Arbeitsplatz, S. 206; Kümpers, Einsatz elektronischer Informations- und Kommunikationssysteme am Arbeitsplatz, S. 193

222 Wohlgemuth, Datenschutzrecht, Rn. 307

223 Lelley, Internet am Arbeitsplatz, Rn. 74; Kümpers, Einsatz elektronischer Informations- und Kommunikationssysteme am Arbeitsplatz, S. 196

224 Weißgerber, Arbeitsrechtliche Fragen bei Computerarbeitsplätzen, S. 167f.; Hanau/Hoeren, Private Internetnutzung durch Arbeitnehmer, S. 54 u. S. 74; Däubler, Gläserne Belegschaften, Rn. 379

225 Höld, Die Überwachung von Arbeitnehmern, S. 197; Henke, IT und Datenschutz im Unternehmen, S. 74; Andres, Die Integration moderner Technologien in den Betrieb, S. 206; Erler, Die private Nutzung neuer Medien am Arbeitsplatz, S. 137; Schuster, Die Internetnutzung als Kündigungsgrund, S. 74f.; Wolf/Mulert, BB 2008, S. 443; Dann/Gastell, NJW 2008, S. 2947

226 Weißgerber, Arbeitsrechtliche Fragen bei Computerarbeitsplätzen, S. 154f.; Däubler, Gläserne Belegschaften, Rn. 351; Koeppen, Rechtliche Grenzen der Kontrolle der E-Mail- und Internetnutzung am Arbeitsplatz, S. 155f.; Mengel, BB 2004, S. 2015

227 Gola/Wronka, Handbuch zum Arbeitnehmerdatenschutz, Rn. 355; Hanau/Hoeren, Private Internetnutzung durch Arbeitnehmer, S. 53; Kümpers, Einsatz elektronischer Informations- und Kommunikationssysteme am Arbeitsplatz, S. 193; Höld, Die Überwachung von Arbeitnehmern, S. 197; Henke, IT und Datenschutz im Unternehmen, S. 74; Elschner, Rechtsfragen der Internet- und E-Mail Nutzung am Arbeitsplatz, S. 278; Andres, Die Integration moderner Technologien in den Betrieb, S. 206; Hartenauer, Grenzen der Kontrolle im Betrieb, S. 12; Schuster, Die Internetnutzung als Kündigungsgrund,

schwerwiegenden Missbrauchsverdacht voraus.[228] Zur Feststellung von erfolgten Korrespondenzvorgängen kann allerdings der Ausdruck der E-Mail-Nachrichten durch den Arbeitnehmer und die anschließende Vorlage beim Arbeitgeber verlangt werden[229]. Private Inhalte, wie z. B. eine beiläufige Unterhaltung über den Gesundheitszustand, können vorher entfernt werden.[230] Bezüglich der Stelle der Übertragung sollte der Gateway im Netzwerk gemieden werden, denn die Überwachung einer E-Mail-Nachricht während der Übertragung (also vor der Speicherung auf dem Arbeitsplatzrechner bzw. in einen Mailserver-Ordner) stellt einen Eingriff in das Fernmeldegeheimnis durch § 88 TKG[231] dar, was nach dem ordnungsgemäßen Empfang durch den Arbeitnehmer nicht mehr der Fall ist.[232]

3.1.4.4 Gemischte Nutzung

Auch bei der gemischten E-Mail-Nutzung, also sowohl der dienstlichen als auch der vom Arbeitgeber gestatteten privaten Nutzung, ist die Zulässigkeit einer Überwachung durch den Arbeitgeber von einigen Faktoren abhängig. Hierbei ist neben dem BDSG und dem allgemeinen Persönlichkeitsschutz des Arbeitnehmers ergänzend auch das

---

S. 74f.; Wolf/Mulert, BB 2008, S. 443; Mengel, BB 2004, S. 2017; Dann/Gastell, NJW 2008, S. 2947; Krauß, Jur-PC Web-Dok. 14/2004, Abs. 29

228 Weißgerber, Arbeitsrechtliche Fragen bei Computerarbeitsplätzen, S. 154f.; Däubler, Gläserne Belegschaften, Rn. 351; Koeppen, Rechtliche Grenzen der Kontrolle der E-Mail- und Internetnutzung am Arbeitsplatz, S. 163; Ueckert, ITRB 2003, S. 160

229 Schaar, Das Ende der Privatsphäre, S. 209; Hanau/Hoeren, Private Internetnutzung durch Arbeitnehmer, S. 53; Kümpers, Einsatz elektronischer Informations- und Kommunikationssysteme am Arbeitsplatz, S. 193; Däubler, Gläserne Belegschaften, Rn. 354; Schuster, Die Internetnutzung als Kündigungsgrund, S. 74f.; Ueckert, ITRB 2003, S. 161; Krauß, Jur-PC Web-Dok. 14/2004, Abs. 29

230 Weißgerber, Arbeitsrechtliche Fragen bei Computerarbeitsplätzen, S. 162

231 Schoen, DuD 2008, S. 287

232 Urteil vom 19.5.2009 des VGH Hessen 6 A 2672/08.Z und Urteil vom 6.11.2008 des VG Frankfurt 1 K 628/08.F.; Henke, IT und Datenschutz im Unternehmen, S. 76; Schuster, Die Internetnutzung als Kündigungsgrund, S. 64ff.; Härting, CR 2009, S. 583f.; Rössel, ITRB 2009, S. 218f.; Schild/Tinnefeld, DuD 2009, S. 471f.

TKG[233] und, im Falle einer Dienstleistung auf Anwendungsebene, auch das TMG, zu beachten. Wenn die Nutzung des betrieblichen E-Mail-Services so geregelt wurde, dass eine Unterscheidung zwischen dienstlicher und privater E-Mail-Nachricht zweifellos möglich ist, beispielsweise durch zwei eigenständige E-Mail-Benutzerkonten,[234] so gelten für die dienstlichen E-Mail-Nachrichten die Bedingungen der ausschließlich dienstlichen Nutzung. Für die privaten E-Mail-Nachrichten müssen die folgenden Regeln beachtet werden, gleiches gilt, wenn keine eindeutige Unterscheidung zwischen privater und dienstlicher E-Mail-Nachricht möglich ist. Dann müssen alle E-Mail-Nachrichten nach den strengeren Regelungen für die privaten Nachrichten behandelt werden.[235]

Zunächst betrachten wir die Überwachung der Verbindungsdaten von privaten E-Mail-Nachrichten. Diese dürfen nur zur Abrechnung der E-Mail-Nutzung oder zur Aufklärung eines begründeten konkreten Missbrauchsverdachts erhoben, verarbeitet und genutzt werden.[236] Nur zur Abrechnung unbedingt erforderliche Verbindungsdaten dürfen erhoben werden, beispielsweise der Zeitpunkt und die Größe der gesendeten oder empfangenen Daten.[237] Die erfassten Daten dürfen auch ausschließlich zu dem Zweck der Abrechnung verwendet werden. Bedingung ist dementsprechend, dass auch eine Abrechnung zwischen Arbeitgeber und Arbeitnehmer erfolgt.[238] Ein begründeter konkreter Missbrauchsverdacht dagegen, welcher auf Tatsachen beruht, gestattet auch eine Erfassung weiterer Verbindungsdaten.[239] Der Umfang der erfassbaren Verbindungsdaten hängt

---

233 Lelley, Internet am Arbeitsplatz, Rn. 70

234 Hanau/Hoeren, Private Internetnutzung durch Arbeitnehmer, S. 21; Erler, Die private Nutzung neuer Medien am Arbeitsplatz, S. 41

235 Andres, Die Integration moderner Technologien in den Betrieb, S. 206; Erler, Die private Nutzung neuer Medien am Arbeitsplatz, S. 41; Kiper in Schulzki-Haddouti, Bürgerrechte im Netz, S. 100

236 Kümpers, Einsatz elektronischer Informations- und Kommunikationssysteme am Arbeitsplatz, S. 196; Henke, IT und Datenschutz im Unternehmen, S. 76

237 Hanau/Hoeren, Private Internetnutzung durch Arbeitnehmer, S. 65

238 Däubler, Gläserne Belegschaften, Rn. 378; Kümpers, Einsatz elektronischer Informations- und Kommunikationssysteme am Arbeitsplatz, S. 196; Henke, IT und Datenschutz im Unternehmen, S. 76; Steinau-Steinrück/Glanz, NJW-Spezial 2008, S. 403

239 Hanau/Hoeren, Private Internetnutzung durch Arbeitnehmer, S. 64f.

davon ab, ob neben dem TKG auch das TMG Anwendung findet und somit strengere Regelungen beachtet werden müssen sowie von der Stärke des Verdachts auf Missbrauch. In der Literatur gibt es Stimmen, die einen konkreten Missbrauchsverdacht verlangen (rezessive Kontrolle) und eine stichprobenartige, vorbeugende (präventive) Missbrauchskontrolle inakzeptabel finden.[240] Andere Stimmen halten eine Kontrolle der Versandzeiten zur Feststellung einer privaten Nutzung während der Arbeitszeiten für zulässig.[241] Wie bei dienstlichen E-Mail-Nachrichten gelten auch für die Empfänger-Adressen firmenexterner Dritter besondere Regelungen. Allerdings ist hier generell die Speicherung der Adresse nicht[242] oder nur verkürzt[243] zulässig, wobei es auch Gegenstimmen gibt, die der Zulässigkeit einer vollständigen Speicherung zur Unterscheidung der Nutzungsart zustimmen.[244] Die Befürworter einer verkürzten bzw. gar keiner Speicherung stimmen nur im Falle eines konkreten Verdachts auf die Verletzung der Rechtsgüter des Arbeitgebers durch den Arbeitnehmer der Speicherung der Empfänger-Adresse zu.[245]

Bezüglich der Inhaltsdaten stehen private E-Mail-Nachrichten unter einem sehr starken Schutzinteresse[246], das mit einem privaten Telefonat zu vergleichen ist.[247] Wobei es auch Stimmen in der Literatur gibt, die eine private E-Mail-Nachricht eher wie private Post behan-

---

240 Kümpers, Einsatz elektronischer Informations- und Kommunikationssysteme am Arbeitsplatz, S. 196

241 Höld, Die Überwachung von Arbeitnehmern, S. 202; Andres, Die Integration moderner Technologien in den Betrieb, S. 207

242 Höld, Die Überwachung von Arbeitnehmern, S. 202f.

243 Elschner, Rechtsfragen der Internet- und E-Mail Nutzung am Arbeitsplatz, S. 207

244 Erler, Die private Nutzung neuer Medien am Arbeitsplatz, S. 139f.

245 Kümpers, Einsatz elektronischer Informations- und Kommunikationssysteme am Arbeitsplatz, S. 196

246 Andres, Die Integration moderner Technologien in den Betrieb, S. 205; Hanau/Hoeren, Private Internetnutzung durch Arbeitnehmer, S. 54

247 Weißgerber, Arbeitsrechtliche Fragen bei Computerarbeitsplätzen, S. 141; Hanau/Hoeren, Private Internetnutzung durch Arbeitnehmer, S. 20f. u. S. 64; Däubler, Gläserne Belegschaften, Rn. 351

deln.[248] Eine Kontrolle des Inhalts privater E-Mail-Nachrichten ist nur beim Bestehen eines konkreten Verdachts des Missbrauchs zulässig, wobei sich der Verdacht auf eine schwere Nebenpflichtsverletzung,[249] beispielsweise Wirtschaftsspionage oder Mobbing, oder eine strafrechtlich relevante Handlung beziehen muss.[250]

Automatisierte Filtervorgänge der Inhalte durch Virenschutzprogramme sind generell zulässig,[251] der Arbeitnehmer sollte aber über den Filtervorgang informiert werden und diesem zustimmen.[252] Außerdem muss im Falle eines zum Betrieb des Systems erforderlichen manuellen Zugriffs durch einen Mitarbeiter der betroffene Arbeitnehmer anwesend sein und sein Einverständnis dazu geben.[253] Im Rahmen des Filtervorgangs wird der Inhalt überprüft und potentiell gefährliche Anhänge zum Schutz des Unternehmensnetzwerkes gelöscht, was zulässig ist, sofern eine Benachrichtigung über den Löschvorgang an den Arbeitnehmer versendet wird. [254]

---

248 Erler, Die private Nutzung neuer Medien am Arbeitsplatz, S. 137f.; Kümpers, Einsatz elektronischer Informations- und Kommunikationssysteme am Arbeitsplatz, S. 197

249 Lunk, NZA 2009, S. 461f.; Mengel, BB 2004, S. 2019

250 Hanau/Hoeren, Private Internetnutzung durch Arbeitnehmer, S. 64; Elschner, Rechtsfragen der Internet- und E-Mail Nutzung am Arbeitsplatz, S. 282; Andres, Die Integration moderner Technologien in den Betrieb, S. 205f.; Erler, Die private Nutzung neuer Medien am Arbeitsplatz, S. 88f.; Erler, Die private Nutzung neuer Medien am Arbeitsplatz, S. 138

251 Höld, Die Überwachung von Arbeitnehmern, S. 200f.; Hanau/Hoeren, Private Internetnutzung durch Arbeitnehmer, S. 66; Weißgerber, Arbeitsrechtliche Fragen bei Computerarbeitsplätzen, S. 210f.; Elschner, Rechtsfragen der Internet- und E-Mail Nutzung am Arbeitsplatz, S. 222 u. 282; Erler, Die private Nutzung neuer Medien am Arbeitsplatz, S. 138; Kaufmann, DuD 2006, S. 231

252 Lelley, Internet am Arbeitsplatz, Rn. 88

253 Kümpers, Einsatz elektronischer Informations- und Kommunikationssysteme am Arbeitsplatz, S. 197

254 Gola/Wronka, Handbuch zum Arbeitnehmerdatenschutz, Rn. 367; Kümpers, Einsatz elektronischer Informations- und Kommunikationssysteme am Arbeitsplatz, S. 197

Im Gegensatz zur dienstlichen E-Mail-Nachricht ist der Arbeitnehmer bei privaten E-Mail-Nachrichten berechtigt, die Nachrichten zu verschlüsseln.[255]

3.1.5 Internetnutzung

Zuletzt widmen wir uns noch der „allgemeinen" Internetnutzung, also den Möglichkeiten des WWW zur Informationserlangung und Eigendarstellung des Unternehmens.[256] In der heutigen Zeit stehen jedem Unternehmen durch den kostengünstigen Zugang zum WWW umfangreiche Informationsquellen zur Verfügung. Nachrichten über die Wirtschaft und andere Unternehmen, Börsen- und Wirtschaftsdaten, Pressemeldungen und diverse juristische, technische und medizinische Datenbanken und Archive stellen eine große Zahl an Informationen für fast alle Arten von Unternehmen zur Verfügung.[257] Durch einfache Zugriffsmöglichkeiten von jedem vernetzen Bildschirmarbeitsplatz aus ist das WWW eine zeit- und kostensparende Informationsquelle für die Wirtschaft geworden. Allerdings bietet es nicht nur Informationen für Unternehmen, sondern ebenso für private Nutzer. Für diese steht neben der E-Mail-Kommunikation eine Vielzahl anderer Kommunikationsmöglichkeiten zur Verfügung. Neben Chatroms[258] werden Instantmessanger[259] immer beliebter und vor allem in den letzten Jahren sind sogenannte Communities[260] und Soziale Netzwerke[261] zu einem wichtigen Bestandteil des Alltags für viele User

255 Kümpers, Einsatz elektronischer Informations- und Kommunikationssysteme am Arbeitsplatz, S. 197

256 Höld, Die Überwachung von Arbeitnehmern, S. 113

257 Elschner, Rechtsfragen der Internet- und E-Mail Nutzung am Arbeitsplatz, S. 3; Höld, Die Überwachung von Arbeitnehmern, S. 113

258 Virtuelle Räume, in denen man sich per Tasteneingabe unterhalten kann

259 Eigene Anwendung, welche über das WWW textbasierte Unterhaltungen ermöglicht (z. B. ICQ, MSN, Skype ...)

260 Eine Webseite, an welcher sich viele Nutzer beteiligen, Nutzerprofile anlegen, in Foren Diskussionen führen und Fotos präsentieren (z. B. www.gesichterparty.de)

261 Webseiten, auf welchen eine Vielzahl von Nutzern registriert sind und die virtuelle Verbindungen zu anderen Nutzern herstellen. Diese sozialen Netz-

geworden. Aufgrund dieses wachsenden privaten Interesses am WWW wollen viele Arbeitnehmer ihren Arbeitsplatzrechner auch für private Zwecke nutzen.[262] Ein absolutes Verbot der privaten Nutzung durch den Arbeitgeber wird oft als unsozial und altmodisch angesehen und dementsprechend missachtet – selbst eine eingeschränkte Erlaubnis sehen viele Arbeitnehmer als Einladung zur exzessiven privaten Nutzung. Daher steigt das Interesse des Arbeitgebers an der Überwachung der Nutzung des betrieblichen Internetzugangs.

3.1.5.1 Technische Möglichkeiten

Die technischen Überwachungsmöglichkeiten der betrieblichen Internetnutzung ähneln denen zur Nutzung der E-Mail-Kommunikation. Allerdings steht hier in der Regel kein zentraler Server zur Verfügung, sondern die Kommunikation muss am Gateway oder dem Arbeitsplatzrechner direkt überwacht werden.[263]

Eine Überwachung am Gateway erfolgt, wie aus Abbildung 4 ersichtlich, analog zur Überwachung des E-Mail-Verkehrs, außer dass bei der Internetkommunikation meistens zusätzlich ein Proxyserver[264] zur Anwendung kommt, welcher die besuchten Internetseiten zwischenspeichert, um die Geschwindigkeit bei häufig besuchten Webseiten zu erhöhen. Der Gateway sendet alle ausgehenden Datenpakete ins öffentliche Internet – nachdem sie geöffnet und für die Antwort markiert wurden – und nimmt alle eingehenden Pakete an, öffnet diese und verteilt sie an die jeweiligen Arbeitsplatzrechner. Dadurch ist auch hier eine Aufzeichnung – sowohl der Verbindungsdaten, als auch der Inhaltsdaten der Kommunikation – ohne großen Aufwand möglich. Allerdings sollten neben den zur Aufrechterhaltung des störungsfreien Betriebs der IT-Systeme erforderlichen Protokollen

werke gibt es für berufliche (z. B. www.xing.de), studienbezogene (z. B. www.studivz.net) und private Interessen (z. B. www.werkenntwen.de).

262 Hanau/Hoeren, Private Internetnutzung durch Arbeitnehmer, S. 19

263 Mattl, Die Kontrolle der Internet- und E-Mail-Nutzung am Arbeitsplatz, S. 21

264 Ein Netzwerkgerät, das Netzwerkpakete zwischenspeichert, um so z. B. häufig aufgerufene Webseiten schneller zur Verfügung zu stellen.

zusätzlich gefilterte Protokolle erstellt werden, die an den erforderlichen Erfassungsrahmen angepasst sind.[265]

Die andere Stelle der Überwachung ist der Arbeitsplatzrechner selbst, auch hier kann auf die bereits vorhandene Standardsoftware,[266] nämlich den Browser, zugegriffen und anhand des Verlaufs[267] bzw. der Liste der besuchten Webseiten festgestellt werden, wann der Nutzer auf welchen Seiten aktiv war. Der Browser legt diese „Protokolle" an, um dem Anwender den Komfort zu bieten, wieder auf eine bereits besuchte Seite zurückzukehren, und durch die Zwischenspeicherung der Inhaltsdaten wird die Seite beim wiederholten Aufruf schneller geöffnet. Die Protokolle des Browsers sind jedoch leicht durch den Anwender, also den Arbeitnehmer, zu manipulieren oder zu löschen[268]. Somit wäre auch hier die Nutzung einer speziellen Überwachungssoftware effektiver.[269]

---

265 Kümpers, Einsatz elektronischer Informations- und Kommunikationssysteme am Arbeitsplatz, S. 191

266 Hanau/Hoeren, Private Internetnutzung durch Arbeitnehmer, S. 14; Mattl, Die Kontrolle der Internet- und E-Mail-Nutzung am Arbeitsplatz, S. 22f.; Höld, Die Überwachung von Arbeitnehmern, S. 185f.; Henke, IT und Datenschutz im Unternehmen, S. 65

267 Hanau/Hoeren, Private Internetnutzung durch Arbeitnehmer, S. 15

268 Mattl, Die Kontrolle der Internet- und E-Mail-Nutzung am Arbeitsplatz, S. 22; Hanau/Hoeren, Private Internetnutzung durch Arbeitnehmer, S. 16

269 Höld, Die Überwachung von Arbeitnehmern, S. 116; Hanau/Hoeren, Private Internetnutzung durch Arbeitnehmer, S. 16

Abb. 4 – Potentielle Überwachungspostionen der Internetnutzung

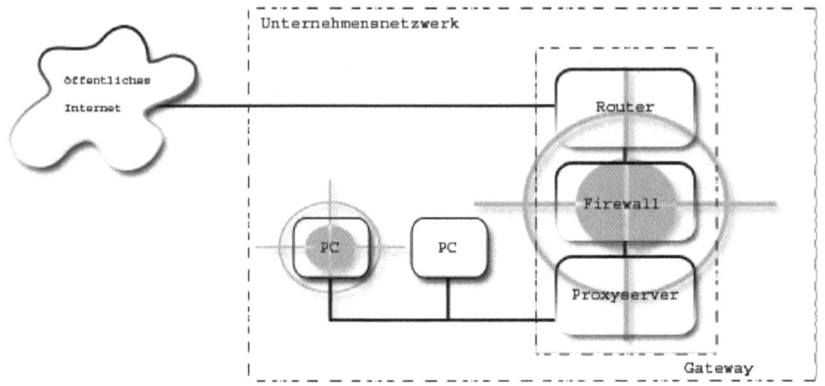

© Marc Wolkerseder

Eine einfache technische Unterscheidungsmöglichkeit zwischen privater und dienstlicher Nutzung, z. B. durch unterschiedliche Nutzerkonten[270], gibt es in den meisten betrieblichen Netzwerkumgebungen nicht.[271] Eine Lösung für dieses Problem wäre die Vereinbarung fester privater Nutzungszeiten[272] oder speziell für die private Nutzung eingerichtete Terminals in den Pausenbereichen[273]. So könnte die Überwachung in diesen Zeiten bzw. an diesen Terminals ausgesetzt und ausschließlich die dienstliche Nutzung dokumentiert werden.[274] Ansonsten müssen bei gemischter Nutzung die strengeren Maßstäbe, die

270 Elschner, Rechtsfragen der Internet- und E-Mail Nutzung am Arbeitsplatz, S. 194; Kümpers, Einsatz elektronischer Informations- und Kommunikationssysteme am Arbeitsplatz, S. 192

271 Höld, Die Überwachung von Arbeitnehmern, S. 189

272 Hanau/Hoeren, Private Internetnutzung durch Arbeitnehmer, S. 24

273 Hanau/Hoeren, Private Internetnutzung durch Arbeitnehmer, S. 26

274 Hanau/Hoeren, Private Internetnutzung durch Arbeitnehmer, S. 68

an die Überwachung privater Nutzung gestellt werden, auch bei der dienstlichen Nutzung beachtet werden.[275]

3.1.5.2 Spezifische Interessen des Arbeitgebers

Die umfangreichen und vielschichtigen Nutzungsmöglichkeiten des World Wide Web stehen z. T. im Konflikt mit den Interessen des Arbeitgebers. Das größte Problem ist die private Nutzung während der Arbeitszeit und somit die Vernachlässigung der eigentlichen Arbeitsaufgabe.[276] Weitere Schwierigkeiten bereitet die Überlastung des Unternehmensnetzwerks[277] oder des Unternehmensserver-Speicherplatzes[278], die Verursachung zusätzlicher Kosten durch das Herunterladen großer Datenmengen sowie die Rufschädigung des Unternehmens[279] oder die Einbeziehung des Arbeitgebers in einen strafrechtlich relevanten Verstoß[280], wenn der Arbeitnehmer radikale, rassistische oder pornografische Webseiten besucht hat oder urheberrechtlich geschützte Werke heruntergelanden hat. Außerdem besteht bei jeder Nutzung die Gefahr der Infektion des Netzwerkes mit Viren[281] oder der Ausspähung von Firmendaten durch trojanische Pferde – wobei das Risiko bei privater Nutzung höher ist, da im Rahmen der dienstlichen Nutzung i. d. R. nur bekannte und als sicher geltende Webseiten besucht werden. Um zuletzt noch auf das Thema Wirtschaftskriminali-

275 Elschner, Rechtsfragen der Internet- und E-Mail Nutzung am Arbeitsplatz, S. 194; Kümpers, Einsatz elektronischer Informations- und Kommunikationssysteme am Arbeitsplatz, S. 192

276 Höld, Die Überwachung von Arbeitnehmern, S. 187

277 Hanau/Hoeren, Private Internetnutzung durch Arbeitnehmer, S. 24

278 Hanau/Hoeren, Private Internetnutzung durch Arbeitnehmer, S. 34

279 S. Urteil vom 29.10.2007 des ArbG Düsseldorf 3 Ca 1455/07; Höld, Die Überwachung von Arbeitnehmern, S. 190; Hanau/Hoeren, Private Internetnutzung durch Arbeitnehmer, S. 25

280 Gola/Wronka, Handbuch zum Arbeitnehmerdatenschutz, Rn. 333; Lelley, Internet am Arbeitsplatz, Rn. 46

281 Elschner, Rechtsfragen der Internet- und E-Mail Nutzung am Arbeitsplatz, S. 96; Hanau/Hoeren, Private Internetnutzung durch Arbeitnehmer, S. 21f.; Höld, Die Überwachung von Arbeitnehmern, S. 116; Koeppen, Rechtliche Grenzen der Kontrolle der E-Mail- und Internetnutzung am Arbeitsplatz, S. 29; Lelley, Internet am Arbeitsplatz, Rn. 44

tät zu kommen: Es besteht auch die Möglichkeit, dass sensible firmeninterne Informationen im Rahmen der Wirtschaftsspionage über das WWW übertragen werden. Es ist also festzustellen, dass auch beim betrieblichen Internetzugang ein Interesse des Arbeitgebers zur Überwachung der Internetaktivitäten vorliegt.

Wie bei den Telefonaten und der E-Mail-Kommunikation steht bei der Internetnutzung das Kontrollbedürfnis des Arbeitgebers dem allgemeinen Persönlichkeitsrecht des Arbeitnehmers gegenüber.[282]

3.1.5.3 Ausschließlich dienstliche Nutzung

Ein absolutes Verbot der privaten Nutzung des Internets am Arbeitsplatz bewirkt wie bei der Privatnutzung von E-Mail und Telefon, dass bei der Überwachung der Internetnutzung die Vorschriften des BDSG und des allgemeinen Persönlichkeitsschutzes beachtet werden müssen.[283] Dabei ist die Überwachung der gesamten Verbindungsdaten zulässig, sofern der Arbeitgeber einen Grund zur Kontrolle von Kosten, Missbrauch und Leistung hat.[284] Durch die angesprochenen, für die Internetnutzung spezifischen Interessen ist ein ausreichender Grund einer, der die Persönlichkeitsrechte des Arbeitnehmers übertrifft.[285] Allerdings ist auch hier zu beachten, dass nur eine stichprobenartige Überwachung in Frage kommt – eine permanente Vollkontrolle stellt einen unverhältnismäßig schweren Eingriff in das allgemeine Persönlichkeitsrecht dar und ist nach herrschender Meinung generell nicht zulässig.[286]

Bezüglich der Inhaltsdaten ist festzustellen, dass auch hier grundsätzlich ein Kontrollrecht des Arbeitgebers besteht[287], allerdings darf eine solche Erfassung nur stichprobenartig erfolgen und nicht perma-

---

282 Lelley, Internet am Arbeitsplatz, Rn. 75

283 Lelley, Internet am Arbeitsplatz, Rn. 64; Oberwetter, NZA 2008, S. 611

284 Kümpers, Einsatz elektronischer Informations- und Kommunikationssysteme am Arbeitsplatz, S. 193

285 Koeppen, Rechtliche Grenzen der Kontrolle der E-Mail- und Internetnutzung am Arbeitsplatz, S. 163f.; Kümpers, Einsatz elektronischer Informations- und Kommunikationssysteme am Arbeitsplatz, S. 194

286 Oberwetter, NZA 2008, S. 611

287 Koeppen, Rechtliche Grenzen der Kontrolle der E-Mail- und Internetnutzung am Arbeitsplatz, S. 165

nent in Form einer automatisierten Vollkontrolle.[288] Neben den stichprobenartigen Kontrollen zur Feststellung einer dienstlichen Nutzung ist auch eine gezielte Inhaltskontrolle zu Ausbildungs- und Qualitätssicherungszwecken sowie zur Aufdeckung eines Missbrauchsverdachts zulässig.[289]

3.1.5.4 Gemischte Nutzung

Bei der gemischten Nutzung, also sowohl der dienstlichen als auch der erlaubten privaten Nutzung, findet wie bei der Überwachung des privaten E-Mail-Verkehrs neben dem BDSG und dem allgemeinen Persönlichkeitsschutz auch das TKG Anwendung.[290] Außerdem sind im Falle des Angebots einer Dienstleistung auf Anwendungsebene noch die Voraussetzungen des TMG zu beachten.[291] Falls die Unterscheidung zwischen privater und dienstlicher Nutzung nicht eindeutig möglich ist, müssen beide Nutzungsarten zu den Voraussetzungen der privaten Nutzung, also in Einbeziehung des TKG und ggf. des TMG, behandelt werden.

Bei den Nutzungsdaten, also den reinen Verbindungsprotokollen, ist ein wichtiger Faktor, ob eine Abrechnung der privaten Nutzung zwischen Arbeitgeber und Arbeitnehmer stattfindet. Wenn die Kosten mit dem Arbeitnehmer abgerechnet werden, dann ist der Arbeitgeber zur Erfassung, Auswertung und Verwendung der Verbindungsdaten berechtigt. Neben Zeitpunkt und Datenmenge ist auch eine Erfassung der Adressen der besuchten Seiten zulässig, da dies zur Feststellung der Art der Nutzung erforderlich ist.[292] Falls allerdings eine eindeutige

---

288 Weißgerber, Arbeitsrechtliche Fragen bei Computerarbeitsplätzen, S. 207; Kümpers, Einsatz elektronischer Informations- und Kommunikationssysteme am Arbeitsplatz, S. 194; Däubler, Gläserne Belegschaften, Rn. 358; Elschner, Rechtsfragen der Internet- und E-Mail-Nutzung am Arbeitsplatz, S. 285

289 Kümpers, Einsatz elektronischer Informations- und Kommunikationssysteme am Arbeitsplatz, S. 194; Henke, IT und Datenschutz im Unternehmen, S. 66

290 Höld, Die Überwachung von Arbeitnehmern, S. 188; Lelley, Internet am Arbeitsplatz, Rn. 70

291 Schuster, Die Internetnutzung als Kündigungsgrund, S. 15

292 Hanau/Hoeren, Private Internetnutzung durch Arbeitnehmer, S. 68; Kümpers, Einsatz elektronischer Informations- und Kommunikationssysteme am Arbeitsplatz, S. 197f.; Höld, Die Überwachung von Arbeitnehmern, S. 190

Unterscheidung des Nutzungszweckes ohne die Kenntnis der Adresse möglich ist (beispielsweise durch die Verwendung einer anderen IP-Adresse für private Aktivitäten oder einen festgelegten Nutzungszeitraum[293]), so ist eine Erfassung der Adressen nicht zulässig. Wenn keine Abrechnung zwischen Arbeitgeber und Arbeitnehmer stattfindet, und die private Nutzung entgeltfrei erfolgt, so ist auch die Erfassung der Nutzungsdaten nicht erforderlich und somit nicht zulässig.[294] Neben der Überwachung aus Kostenabrechungszwecken kommt auch eine Überwachung zur Missbrauchskontrolle in Frage.[295] Allerdings muss hier ein konkreter Missbrauchsverdacht vorliegen,[296] zum Beispiel der konkrete Verdacht auf die private Nutzung außerhalb der Pausenzeiten, den Besuch von Seiten, die laut Nutzungsvereinbarung untersagt sind oder Handlungen welche gegen geltendes Recht verstoßen.[297] Eine solche Überwachung darf allerdings nicht dauerhaft oder stichprobenartig ohne konkreten Verdacht erfolgen.[298]

Die Überwachung der Inhaltsdaten erfolgt analog zur Überwachung der Inhalte von privaten E-Mail-Nachrichten. Es ist dem Arbeitgeber nicht gestattet, die Inhaltsdaten der privaten Internetnutzung zu erfassen, zu verarbeiten und zu verwenden.[299] Als Ausnahme kommt auch hier nur der konkrete Missbrauchsverdacht durch eine schwere Nebenpflichtsverletzung oder kriminelle Handlung (wie der Verrat von Geschäftsgeheimnissen oder Mobbing) in Frage.[300]

---

293 Hanau/Hoeren, Private Internetnutzung durch Arbeitnehmer, S. 68

294 Weißgerber, Arbeitsrechtliche Fragen bei Computerarbeitsplätzen, S. 205f.; Däubler, Gläserne Belegschaften, Rn. 369; Henke, IT und Datenschutz im Unternehmen, S. 70; Steinau-Steinrück/Glanz, NJW-Spezial 2008, S. 403

295 Höld, Die Überwachung von Arbeitnehmern, S. 190; Hanau/Hoeren, Private Internetnutzung durch Arbeitnehmer, S. 48; Däubler, Gläserne Belegschaften, Rn. 369

296 Kümpers, Einsatz elektronischer Informations- und Kommunikationssysteme am Arbeitsplatz, S. 197f.

297 Hanau/Hoeren, Private Internetnutzung durch Arbeitnehmer, S. 49

298 Höld, Die Überwachung von Arbeitnehmern, S. 190; Kümpers, Einsatz elektronischer Informations- und Kommunikationssysteme am Arbeitsplatz, S. 197f.

299 Elschner, Rechtsfragen der Internet- und E-Mail-Nutzung am Arbeitsplatz, S. 202

300 Mattl, Die Kontrolle der Internet- und E-Mail-Nutzung am Arbeitsplatz, S. 27; Kümpers, Einsatz elektronischer Informations- und Kommunikationssysteme

Eine automatisierte Filterung der aufgerufenen Webseiten, um das Ansehen bestimmter (z. B. krimineller, rassistischer, pornografischer oder radikaler) Inhalte zu unterbinden, ist auf Grund der Eigentümerposition[301] des Arbeitgebers zulässig.[302]

3.1.6 Konsequenzen beim aufgedeckten Verstoß

Nachdem nun feststeht, wann und in welchem Umfang ein Arbeitgeber von seinem Überwachungsrecht Gebrauch machen kann, stellt sich nun die Frage, welche rechtlichen Konsequenzen für den Arbeitnehmer im Falle eines durch die Überwachungsmaßnahmen erwiesenen Missbrauchs der betrieblichen Kommunikationsmittel entstehen. Wie schon erwähnt, kann der Missbrauch in Form einer Nutzung trotz ausdrücklichem Verbot, einer Überschreitung quantitativer Grenzen, eines Aufrufs von laut Nutzungsbedingung verbotenen Seiten, strafrechtlich relevanter Aktivitäten oder einer sonstigen Schädigung des Unternehmens erfolgen. Dies hat vor allem arbeitsrechtliche Konsequenzen, im Falle eines strafrechtlich relevanten Verstoßes kann es auch zu einer Strafanzeige kommen.

---

am Arbeitsplatz, S. 198; Höld, Die Überwachung von Arbeitnehmern, S. 191; Lelley, Internet am Arbeitsplatz, Rn. 50

301 Kümpers, Einsatz elektronischer Informations- und Kommunikationssysteme am Arbeitsplatz, S. 198

302 Gola/Wronka, Handbuch zum Arbeitnehmerdatenschutz, Rn. 365; Höld, Die Überwachung von Arbeitnehmern, S. 187; Mattl, Die Kontrolle der Internet- und E-Mail-Nutzung am Arbeitsplatz, S. 27; Kiper in Schulzki-Haddouti, Bürgerrechte im Netz, S. 103

Abb. 5 – Die Rechtsmittel bei einem Verstoß

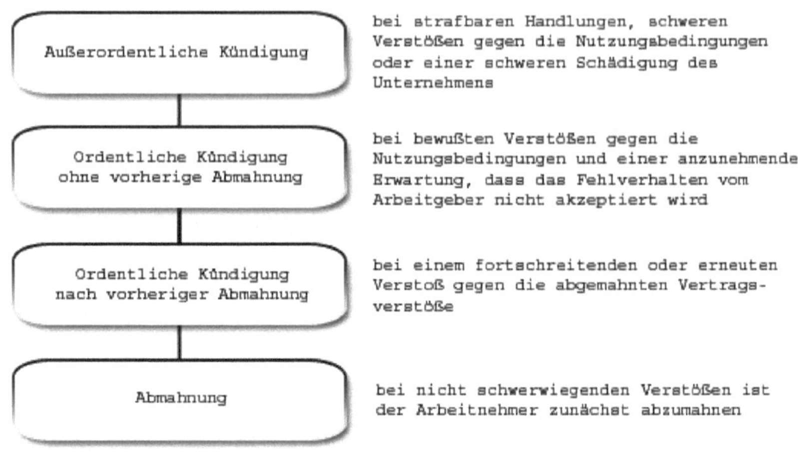

Als härtestes Rechtsmittel auf der Seite des Arbeitsrechts kommt die außerordentliche bzw. ordentliche Kündigung in Betracht.[303] Die außerordentliche Kündigung erfolgt in der Regel fristlos. Gemäß § 626 BGB kann nur ein „wichtiger Grund" die außerordentliche Kündigung rechtfertigen, was im Falle eines gravierenden Verstoßes gegen die vereinbarten Nutzungsbedingungen, einer schweren Schädigung der Unternehmensinteressen oder eines strafrechtlich relevanten Verstoßes der Fall wäre.[304] Nur so würden nämlich die Voraussetzungen gemäß § 626 I BGB zutreffen, aufgrund derer unter Abwägung der Interessen beider Vertragspartner eine Fortsetzung des Arbeitsverhältnisses bis zum Ablauf der Kündigungsfrist nicht zumutbar ist.[305]

303 Höld, Die Überwachung von Arbeitnehmern, S. 115

304 Hanau/Hoeren, Private Internetnutzung durch Arbeitnehmer, S. 36

305 Hanau/Hoeren, Private Internetnutzung durch Arbeitnehmer, S. 35f.; Elschner, Rechtsfragen der Internet- und E-Mail-Nutzung am Arbeitsplatz, S. 92f.; Schuster, Die Internetnutzung als Kündigungsgrund, S. 168; Olbert, AuA 2008, S. 78

Besonders bei strafbaren Handlungen, einem gravierenden, umfangreichen Verstoß gegen inhaltliche Verbote bei der Internetnutzung (z. B. durch Betrachten pornografischer Inhalte)[306] oder einer mutwilligen oder grob fahrlässigen Handlung eines Geheimnisträgers, welche den Zugang zu sensiblen Geschäftsgeheimnissen ermöglicht hat,[307] ist diese Voraussetzung gegeben.[308] Gleiches gilt bei einer bewussten, nicht unerheblichen Schädigung des Arbeitgebers[309], beispielsweise durch die exzessive Anwahl von Mehrwertrufnummern[310], der Nutzung betrieblicher Kommunikationsmittel für unternehmensfremde, gewerbliche Aktivitäten[311] oder der intensiven privaten Nutzung trotz eines ausgesprochenen Nutzungsverbots.[312] Außerdem muss auf Grund der begangenen Tat eine negative Zukunftsprognose bestehen[313] durch die nachhaltige Störung des Vertrauens des Arbeitgebers in den Arbeitnehmer oder eine begründete Gefahr, dass es in Zukunft zu weiteren Vertragsverletzungen durch den Arbeitnehmer kommen könnte. Allerdings wird dies in den überwiegenden Fällen von Missbrauch der betrieblichen Kommunikationsmittel nicht der Fall sein.[314]

Die ordentliche Kündigung stellt die abgemilderte Variante dar, wenn die außerordentliche Kündigung aus Gründen der Schwere der Tat nicht in Frage kommt, bzw. aus sozialen Gründen[315] nicht erfolgen soll. Hierbei kommt vor allem eine verhaltensbedingte Kündigung in

306 siehe Urteil vom 1.8.2001 des ArbG Düsseldorf 4 Ca 3437/01 oder das Urteil vom 1.12.2000 des ArbG Hannover 1 Ca 504/00

307 Hanau/Hoeren, Private Internetnutzung durch Arbeitnehmer, S. 37

308 Elschner, Rechtsfragen der Internet- und E-Mail Nutzung am Arbeitsplatz, S. 90; Kümpers, Einsatz elektronischer Informations- und Kommunikationssysteme am Arbeitsplatz, S. 246f.; Krauß, Jur-PC Web-Dok. 14/2004, Abs. 42

309 Krauß, Jur-PC Web-Dok. 14/2004, Abs. 43

310 siehe Urteil vom 7.4.1999 des OLG Hamm 8 U 194/98

311 siehe Urteil ArbG Frankfurt 14 Ca 891/95

312 siehe Urteil vom 23.4.2009 des LAG Rheinland-Pfalz 11 Sa 667/08

313 Hanau/Hoeren, Private Internetnutzung durch Arbeitnehmer, S. 34; Kümpers, Einsatz elektronischer Informations- und Kommunikationssysteme am Arbeitsplatz, S. 247

314 Hanau/Hoeren, Private Internetnutzung durch Arbeitnehmer, S. 36

315 Kümpers, Einsatz elektronischer Informations- und Kommunikationssysteme am Arbeitsplatz, S. 244

Betracht,[316] welche aber auch Sanktionen wie die Untersagung der privaten Nutzung der betrieblichen Kommunikationsmittel für den Rest der Dauer des Arbeitsverhältnisses enthalten kann.[317] In den meisten Fällen ist es vor der ordentlichen Kündigung erforderlich, den Arbeitnehmer durch eine Abmahnung zu verwarnen.[318] Dies ist nach Ansicht einiger Arbeitsgerichte[319] nicht der Fall,[320] wenn die Rechtswidrigkeit der Pflichtverletzung dem Arbeitnehmer ohne weiteres erkennbar ist und offensichtlich zu erwarten ist, dass das Fehlverhalten nicht vom Arbeitgeber akzeptiert wird.[321] Wie zum Beispiel beim absichtlichen Verstoß gegen ein Nutzungsverbot oder einer bewussten Deklarierung von Privatgesprächen als dienstliche Telefonate.[322]

Vor allem wenn keine Nutzungsbedingung erstellt wurde und die private Nutzung auch nicht ausdrücklich durch den Arbeitgeber untersagt oder erlaubt wurde, ist vorher die eben angesprochene Abmahnung erforderlich.[323] Diese kann formlos erfolgen, sollte aber

---

316 Hanau/Hoeren, Private Internetnutzung durch Arbeitnehmer, S. 35; Elschner, Rechtsfragen der Internet- und E-Mail Nutzung am Arbeitsplatz, S. 3; Lelley, Internet am Arbeitsplatz, Rn. 97; Krauß, Jur-PC Web-Dok. 14/2004, Abs. 37

317 Kümpers, Einsatz elektronischer Informations- und Kommunikationssysteme am Arbeitsplatz, S. 265; Lelley, Internet am Arbeitsplatz, Rn. 95

318 siehe Urteil vom 13.1.1998 des LAG Niedersachsen 13 Sa 1235/97; Gola/Wronka, Handbuch zum Arbeitnehmerdatenschutz, Rn. 413; Schuster, Die Internetnutzung als Kündigungsgrund, S. 173; Kiper in Schulzki-Haddouti, Bürgerrechte im Netz, S. 102; Olbert, AuA 2008, S. 78; Aghamiri, ITRB 2007, S. 251; Krauß, Jur-PC Web-Dok. 14/2004, Abs. 38

319 siehe das Urteil vom 21.3.2001 des ArbG Wesel 5 Ca 4021/00 bzw. das Urteil vom 2.1.2002 des ArbG Frankfurt 2 Ca 5340/01

320 Kiper in Schulzki-Haddouti, Bürgerrechte im Netz, S. 102

321 Elschner, Rechtsfragen der Internet- und E-Mail Nutzung am Arbeitsplatz, S. 90; Hanau/Hoeren, Private Internetnutzung durch Arbeitnehmer, S. 34ff.; Schuster, Die Internetnutzung als Kündigungsgrund, S. 173; Ernst, DuD 2006, S. 225

322 Gola/Wronka, Handbuch zum Arbeitnehmerdatenschutz, Rn. 370; Kiper in Schulzki-Haddouti, Bürgerrechte im Netz, S. 102; Kaufmann, DuD 2006, S. 231; Aghamiri, ITRB 2007, S. 251; Krauß, Jur-PC Web-Dok. 14/2004, Abs. 39

323 Gola/Wronka, Handbuch zum Arbeitnehmerdatenschutz, Rn. 369; Hanau/Hoeren, Private Internetnutzung durch Arbeitnehmer, S. 33; Kümpers, Einsatz elektronischer Informations- und Kommunikationssysteme am Arbeitsplatz, S. 247f.

im Interesse der Beweislage und zur Verstärkung der Wirkung auf den Arbeitnehmer schriftlich verfasst werden.[324] Darin soll der Arbeitnehmer darauf hingewiesen werden, dass sein Verhalten - hier im Bezug auf die Nutzung der betrieblichen Kommunikationsmittel - eine vertragswidrige Tätigkeit darstellt und dass, wenn keine Änderung des Verhaltens erfolgt oder das Verhalten erneut auftritt, dies die Beendigung des Arbeitsverhältnisses zur Folge haben kann.[325]

Andere betriebsinterne Konsequenzen könnten die Entziehung der privaten Nutzungserlaubnis sein, allerdings ist dies zum Schutz des Betriebsklimas nicht empfehlenswert.[326]

Bei strafrechtlich relevanten Verstößen sollte die Polizei bzw. Staatsanwaltschaft informiert werden[327], denn auch wenn die Meldung eines Vergehens an die Behörden eventuell eine negative Auswirkung auf das Firmenimage haben kann[328], sollte dennoch bedacht werden, dass bei Unterlassung einer Anzeige eine Mitschuld des Arbeitgebers bestehen kann.

3.1.7 Sonderfall Call Center

Das Call Center stellt „eine selbständige Organisationseinheit, deren Ziel es ist, mit Einsatz modernster Kommunikationstechniken einen serviceorientierten und effizienten Dialog zwischen einem Unternehmen und dessen Kunden, Interessenten und Lieferanten zu führen"[329], dar. Die Telefonkommunikation stellt das wichtigste Kommunikationsmittel im Call Center dar und findet über sogenannte ACD-

324 Hanau/Hoeren, Private Internetnutzung durch Arbeitnehmer, S. 35; Schuster, Die Internetnutzung als Kündigungsgrund, S. 176

325 Elschner, Rechtsfragen der Internet- und E-Mail-Nutzung am Arbeitsplatz, S. 89; Hanau/Hoeren, Private Internetnutzung durch Arbeitnehmer, S. 33f.; Gola/Wronka Rn. 414ff.; Schuster, Die Internetnutzung als Kündigungsgrund, S. 176

326 Hammann/Schmitz/Apitzsch, Überwachung und Arbeitnehmerdatenschutz, S. 38

327 Kiper in Schulzki-Haddouti, Bürgerrechte im Netz, S. 203

328 Höld, Die Überwachung von Arbeitnehmern, S. 190; Hanau/Hoeren, Private Internetnutzung durch Arbeitnehmer, S. 25; Lelley, Internet am Arbeitsplatz, Rn. 46

329 Grobys, Die Überwachung von Arbeitnehmern in Call Centern, S. 21

Systeme[330] statt, welche standardmäßig viele Überwachungsmodule enthalten. Mithörfunktionen oder sprachgesteuerte Menüs informieren den externen Gesprächspartner über eine Aufzeichnung für Qualitätssicherungsmaßnahmen und fragen dessen Zustimmung ab. Diese ist ausdrücklich erforderlich, in der Praxis wird sie jedoch oft vorausgesetzt und der Anrufende wird darauf hingewiesen, dass er widersprechen kann, wenn er keine Aufzeichnung wünscht.[331] Für die weitere Abarbeitung ist davon auszugehen, dass der externe Teilnehmer sein Einverständnis gegeben hat, da dies eine Voraussetzung für alle hier erwähnten Überwachungsmaßnahmen ist.[332]

Das Überwachungsinteresse des Arbeitgebers in Call Centern weicht von den üblichen Arbeitgeberinteressen ab, da hier nicht die Vermeidung von dienstlichen Telefonkosten, die Aufdeckung wirtschaftskrimineller Handlungen oder die Vermeidung strafrechtlicher Tätigkeiten der Hauptüberwachungsgrund ist, sondern die Überprüfung des Gesprächsverhaltens, die Verbesserung der Servicequalität oder die Beweissicherung bei verbindlichen Aussagen der Kunden.[333] Außerdem sind die zu erwartenden Konsequenzen für den Arbeitnehmer nicht etwa die Kündigung, sondern gezielte Schulungsmaßnahmen, um die Qualität der Arbeitsleistung des Arbeitnehmers zu verbessern.[334]

In Call Centern kommen verschiedene Arten der Überwachung in Frage, bei der Telefonkommunikation ist vor allem das offene Mithören üblich, offen bedeutet, dass der Angestellte beispielsweise durch eine Kontrollleuchte erkennen kann,[335] dass ab diesem Zeitpunkt ein anderer Mitarbeiter das Gespräch mithört. Ziel des Mithörens ist in der Regel eine stichprobenartige Qualitätskontrolle des Arbeitnehmers. Da diesem aber durch den vorherigen Hinweis die Überwachung bewusst ist, ist es ihm möglich, das Testergebnis durch

---

330 ACD steht für „Automatic Call Distribution" – also automatische Anrufverteilung; der schon angesprochene VOIP-PBX-Server „Asterisk" kann entsprechend konfiguriert werden.

331 Voigt, DuD 2008, S. 783

332 Dannhorn/Mohnke, AuA 2006, S. 212; Grobys, Die Überwachung von Arbeitnehmern in Call Centern, S. 105f.; Voigt, DuD 2008, S. 782

333 Grobys, Die Überwachung von Arbeitnehmern in Call Centern, S. 37f.

334 Grobys, Die Überwachung von Arbeitnehmern in Call Centern, S. 38

335 Grobys, Die Überwachung von Arbeitnehmern in Call Centern, S. 33

eine kurzfristige Änderung des Telefonieverhaltens zu verfälschen.[336] Zur Beantwortung der Frage nach der Zulässigkeit einer solchen Überwachung muss zunächst festgestellt werden, welche Gesetze beachtet werden müssen. Da in Call Centern in der Regel ein Verbot der privaten Nutzung der Telefone aus Erreichbarkeitsgründen üblich ist,[337] ist ein Call Center kein Diensteanbieter i. S. d. TKG oder TMG,[338] somit sind „nur" das allgemeine Persönlichkeitsrecht und das BDSG zu beachten. Da die Qualitätsansprüche an das Telefonieverhalten und damit die Darstellung durch die Arbeitnehmer nach außen für das wirtschaftliche Bestehen eines Call Centers sehr wichtig sind[339], überwiegt bei Call Centern das Überwachungsinteresse des Arbeitgebers gegenüber den Schutzrechten des Arbeitnehmers. Somit ist offenes Mithören zulässig, wenn der Arbeitnehmer über die Maßnahme informiert ist, und diese nur stichprobenartig und nicht permanent erfolgt.[340]

Um ein Verstellen des Telefonieverhaltens der Arbeitnehmer zu verhindern und wirklich wahrheitsgetreue Ergebnisse zu erhalten, wird heute immer häufiger das verdeckte Mithören der Telefongespräche praktiziert.[341] Hierbei wird der Arbeitnehmer bei der Einstellung darüber informiert, dass Gespräche zu Qualitätssicherungsmaßnahmen mitgehört werden können, wobei ihm nicht bekannt sein wird, zu welchem Zeitpunkt welche Inhalte überwacht werden – er muss allerdings grob über den Zeitraum der stichprobenartigen[342] Überwachungsmaßnahmen informiert sein und hat das Recht, nachträglich die genauen Überwachungszeitpunkte zu erfahren.[343]

---

336 Dannhorn/Mohnke, AuA 2006, S. 210; Grobys, Die Überwachung von Arbeitnehmern in Call Centern, S. 33

337 Dannhorn/Mohnke, AuA 2006, S. 211

338 Voigt, DuD 2008, S. 780

339 Höld, Die Überwachung von Arbeitnehmern, S. 146; Dannhorn/Mohnke, AuA 2006, S. 211

340 Gola/Wronka, Handbuch zum Arbeitnehmerdatenschutz, Rn. 335; Grobys, Die Überwachung von Arbeitnehmern in Call Centern, S. 51ff.; Dannhorn/Mohnke, AuA 2006, S. 211; Oberwetter, NZA 2008, S. 611

341 Dannhorn/Mohnke, AuA 2006, S. 210; Grobys, Die Überwachung von Arbeitnehmern in Call Centern, S. 33

342 Gola/Wronka, Handbuch zum Arbeitnehmerdatenschutz, Rn. 335

343 Grobys, Die Überwachung von Arbeitnehmern in Call Centern, S. 78ff.

Neben dem Mithören durch einen Mitarbeiter kommt auch noch die Aufzeichnung der Gesprächsinhalte als Überwachungsmaßnahme in Frage. Die Aufzeichnung kann zu Schulungszwecken oder zur Beweissicherung bei Vertragsabschlüssen oder sonstigen verbindlichen Aussagen des externen Anrufers erfolgen, wie z. B. beim Telefonbanking.[344] Die Aufzeichnung von Gesprächen zu Schulungszwecken wird als nicht erforderlich für die Durchführung des Arbeitsverhältnisses gewertet und ist somit unzulässig.[345] Es gibt allerdings Expertenmeinungen, die von einer Zulässigkeit ausgehen, wenn die Aufzeichnungsmaßnahme nur gelegentlich erfolgt und der Überwachungszeitraum vorher bekanntgegeben wird.[346] Die Beweissicherungsaufnahmen dagegen werden als datenschutzrechtlich zulässig angesehen, wenn die Gesprächsteilnehmer darüber informiert wurden und dem zugestimmt haben und die Aufzeichnung nur zum Zwecke der Beweissicherung verwendet wird.[347]

3.2 Elektronische Betriebsdatenerfassung

Nachdem nun ausführlich auf die Überwachungsmöglichkeiten bei der betrieblichen Kommunikation eingegangen wurde, wenden wir uns nun kurz den anderen, ebenfalls durch den technologischen Fortschritt immer umfangreicher werdenden Möglichkeiten der elektronischen Betriebsdatenerfassung (BDE) in allen Unternehmensbereichen zu.[348] Diese Arbeit betrachtet drei Elemente der BDE: den digitalen Arbeitnehmerausweis, die Auswertung und Verknüpfung von Arbeitnehmerdaten in sogenannten Personalinformationssystemen und die Ortung von Mitarbeitern mit Hilfe von GPS oder Handy.

---

344 Grobys, Die Überwachung von Arbeitnehmern in Call Centern, S. 94ff.

345 Dannhorn/Mohnke, AuA 2006, S. 211f.; Grobys, Die Überwachung von Arbeitnehmern in Call Centern, S. 95

346 Dannhorn/Mohnke, AuA 2006, S. 212

347 Grobys, Die Überwachung von Arbeitnehmern in Call Centern, S. 96

348 Tinnefeld/Ehmann/Gerling, Einführung in das Datenschutzrecht, S. 54; Däubler, Arbeitsrecht 1, Rn. 976

3.2.1 Der digitale Arbeitnehmerausweis

Die klassische Stechuhr, welche auf Papierkarten einen Stempel mit der Uhrzeit druckt, was anschließend von Hand ausgewertet und mit der Soll-Arbeitszeit abgeglichen wird,[349] hat in fast allen Betrieben ausgedient. Stattdessen befinden sich heute in den Eingangsbereichen der Unternehmen elektronische Lesegeräte (siehe Abb. 6),[350] an welchen ein Arbeitnehmer sich jeden Morgen mit einem digitalen Ausweis in Form einer Karte mit Chip[351], Magnetstreifen oder funkgestütztem RFID-Modul[352] (siehe Abb. 7) anmeldet. Die erfassten Zeiten werden sofort digital auf einem Server abgelegt und am Ende des Monats erfolgt auf Knopfdruck die Gehaltsabrechnung.[353] Bei der Prüfung der Zulässigkeit ist das BDSG zu beachten. Da das Interesse des Arbeitgebers, die Arbeitszeiten möglichst effektiv zu kontrollieren und auszuwerten, höher zu bewerten ist als das Schutzinteresse des Arbeitnehmers, ist eine Zeiterfassung (ob elektronisch oder mit Hilfe einer Stechuhr) generell zulässig.[354]

---

349 Wohlgemuth, Datenschutz für Arbeitnehmer, Rn. 292

350 Däubler, Gläserne Belegschaften, Rn. 29

351 Hammann/Schmitz/Apitzsch, Überwachung und Arbeitnehmerdatenschutz, S. 87; Tinnefeld/Ehmann/Gerling, Einführung in das Datenschutzrecht, S. 379

352 RFID steht für Radio Frequency Identification und steht für eine berührungslose Kommunikation mit dem Lesegerät. Die Reichweite beträgt je nach Typ zwischen 15 cm bis hin zu Entfernungen im zweistelligen Meterbereich, was einen automatischen Lesevorgang ohne Aktivität des Benutzers ermöglicht. – Gola, NZA 2007, S. 1140; Hammann/Schmitz/Apitzsch, Überwachung und Arbeitnehmerdatenschutz, S. 38; Oberwetter, NZA 2008, S. 612

353 Däubler, Gläserne Belegschaften, Rn. 29

354 Höld, Die Überwachung von Arbeitnehmern, S. 57f.

Abb. 6 – Ein Zeiterfassungsterminal für Ausweise mit RFID-Technik

Quelle: www.wikipedia.de

Der digitale Ausweis findet nicht nur an dem Zeiterfassungsterminal im Eingangsbereich Anwendung. In vielen Unternehmen befinden sich zusätzlich an allen Eingangstüren und manchmal auch an Flurtüren zu sensiblen Bereichen Zugangskontrollsysteme, welche ein Passieren nur mit dem digitalen Ausweis erlauben.[355] Vor allem durch innerbetriebliche Zugangskontrollen zwischen den Abteilungen besteht für den Arbeitgeber die Möglichkeit, relativ genaue Bewegungsprofile aller Ausweisinhaber (Mitarbeiter und Besucher) zu erstellen.[356] Zweckgebunden an die Zugangskontrolle, also die Gewährleistung, dass keine unbefugten Personen Zugang zum Firmengelände oder zu bestimmten Bereichen erhalten, ist die Zulässigkeit von Zugangskontrollsystemen mit personengebundenen Ausweisen generell gewährleistet.[357] Bei der weiteren Nutzung der Daten zur Erstellung von Bewegungsprofilen[358] liegt allerdings ein schwerer Eingriff in das

355 Hammann/Schmitz/Apitzsch, Überwachung und Arbeitnehmerdatenschutz, S. 38; Däubler, Gläserne Belegschaften, Rn. 29; Höld, Die Überwachung von Arbeitnehmern, S. 56f.

356 Höld, Die Überwachung von Arbeitnehmern, S. 57; Däubler, Gläserne Belegschaften, Rn. 29

357 Höld, Die Überwachung von Arbeitnehmern, S. 58

358 Gola, NZA 2007, S. 1140

allgemeine Persönlichkeitsrecht des Arbeitnehmers vor, welcher die Erhebung für solche Zwecke generell unzulässig macht.[359] Allerdings gibt es auch Ausnahmen. Von Arbeitnehmern, welche in besonders sensiblen Bereichen tätig sind, können Bewegungsprofile zur Gefahrenabwehr erstellt werden.[360] In Unternehmen, welche generell einem hohen Gefährdungspotential ausgesetzt sind (wie Energieerzeugungsunternehmen, speziell Atomkraftwerke) oder andere Unternehmen der Grundversorgung[361] ist auch eine generelle Erstellung von Bewegungsprofilen zulässig – ebenfalls zur Gefahrenabwehr.[362] Wichtig ist insbesondere bei der RFID-Technik, dass der Arbeitnehmer über deren Anwendung vorher informiert wurde. Eine heimliche Funktechnikausstattung ist nicht zulässig.[363] Eine weitere Ausnahme ist eine zeitlich begrenzte und auf betroffene Personen beschränkte Einzelfallüberwachung im Falle eines konkreten begründeten Verdachts auf eine schwerwiegende Pflichtverletzung.[364]

Neben den Zugangskontrollen zwischen den Abteilungen nutzen manche Unternehmen den Ausweis auch zur Anmeldung am Arbeitsplatzrechner.[365] Hierdurch sind noch präzisiere Bewegungsprofile möglich, da der Arbeitgeber feststellen kann, zu welchen Zeiten der Arbeitnehmer am Arbeitsplatzrechner tätig war – eine Zweckentfremdung des Anmeldevorgangs, welcher nur in Ausnahmesituationen zulässig ist.

Außerdem ist der digitale Ausweis in großen Unternehmen gleichzeitig Zahlungsmittel für Getränke, Snacks oder das Angebot

359 Hammann/Schmitz/Apitzsch, Überwachung und Arbeitnehmerdatenschutz, S. 87; Höld, Die Überwachung von Arbeitnehmern, S. 58; Wohlgemuth, Datenschutz für Arbeitnehmer, Rn. 296

360 Oberwetter, NZA 2008, S. 612; Hammann/Schmitz/Apitzsch, Überwachung und Arbeitnehmerdatenschutz, S. 93; Höld, Die Überwachung von Arbeitnehmern, S. 58f.; Steinkühler/Reif, AuA 2009, S. 216

361 Däubler, Gläserne Belegschaften, Rn. 29

362 Höld, Die Überwachung von Arbeitnehmern, S. 58f.

363 Steinkühler/Reif, AuA 2009, S. 216

364 Höld, Die Überwachung von Arbeitnehmern, S. 59

365 Hammann/Schmitz/Apitzsch, Überwachung und Arbeitnehmerdatenschutz, S. 87; Tinnefeld/Ehmann/Gerling, Einführung in das Datenschutzrecht, S. 379

der Betriebskantine.[366] Hier werden die Zahlungsdaten digital erfasst und die Rechnung wird entweder per Prepaid-Verfahren[367] oder über die betriebliche Gehaltsabrechnung beglichen. Auch durch diesen Vorgang hat der Arbeitgeber die Möglichkeit, ein genaues Profil der Vorlieben eines jeden Arbeitnehmers zu erstellen.[368] Doch die Auswertung der erfassten Daten ist in diesem Fall streng an den Abrechungszweck gebunden. Eine Prepaid-Variante ist vorzuziehen, da in diesem Fall keine detaillieren Daten für die Abrechnung gespeichert werden müssen.[369] Eine Auswertung zu einem anderen Zweck ist unzulässig und kann zu Missverständnissen führen – wenn beispielsweise ein Mitarbeiter nach Feierabend für seine Abteilung Bier in der Kantine kauft und der Arbeitgeber den Kauf von 10 Flaschen Bier so deutet, dass der Arbeitnehmer ein Alkoholproblem hat. Eine Überprüfung des Konsumverhaltens ist in jedem Fall unzulässig,[370] da es einen schweren Eingriff in die Privatsphäre des Mitarbeiters darstellt und in keinem Bezug zu den arbeitsvertraglichen Rechten und Pflichten steht.[371]

Eine in der heutigen Zeit weitverbreitete Weiterentwicklung des digitalen Ausweises stellt die Identifizierung anhand biometrischer Merkmale wie Fingerabdruck oder durch Stimmanalyse dar.[372] Sofern keine zweckentfremdete Analyse der Merkmale[373] (wie Stimmungsanalyse anhand der Stimme) stattfindet,[374] wird die Verwendung biometrischer Merkmale statt eines Ausweises analog zum digitalen

366 Wohlgemuth, Datenschutz für Arbeitnehmer, Rn. 294; Hammann/Schmitz/Apitzsch, Überwachung und Arbeitnehmerdatenschutz, S. 87; Tinnefeld/Ehmann/Gerling, Einführung in das Datenschutzrecht, S. 379; Werle, Beteiligungsrechte des Betriebsrates beim Einsatz von EDV, S. 3

367 Der Ausweisinhaber muss vor der Verwendungsmöglichkeit zunächst sein virtuelles Konto auf dem Ausweis an einem Automaten oder an der Kasse aufladen, anschließend kann er das Guthaben verbrauchen.

368 Däubler, Gläserne Belegschaften, Rn. 257

369 Däubler, Gläserne Belegschaften, Rn. 433

370 Schwarz, Arbeitnehmerüberwachung und Mitbestimmung, S. 145

371 Däubler, Gläserne Belegschaften, Rn. 257

372 Oberwetter, NZA 2008, S. 612; Gola, NZA 2007, S. 1140; Steinkühler/Reif, AuA 2009, S. 216; Kiper in Schulzki-Haddouti, Bürgerrechte im Netz, S. 96

373 AK „Datenschutz in Recht und Praxis", DuD 2008, S. 654

374 Hammann/Schmitz/Apitzsch, Überwachung und Arbeitnehmerdatenschutz, S. 88; Oberwetter, NZA 2008, S. 612

Ausweis behandelt und ist somit auch zulässig.[375] Allerdings ist erforderlich, dass die biometrische Erfassung nur mit Wissen des Arbeitnehmers, also transparent, erfolgt, idealerweise nur durch seine aktive Beteiligung, beispielsweise den gleichzeitigen Einsatz seines Ausweises oder Fingerabdruckscans.[376] Eine heimliche Identifizierung durch Gesichtserkennung[377] mittels einer Flurüberwachungskamera ist unzulässig.[378]

3.2.2 Personalinformationssysteme

Personalinformationssysteme,[379] also EDV-gestützte Programme zur elektronischen Personalaktenführung auf administrativer und dispositiver Ebene, welche Informationen aus allen wichtigen Quellen erfassen, speichern und auswerten,[380] werden heute in den meisten größeren Unternehmen verwendet, um die einfache Abrechnung und den effektiven Personaleinsatz zu ermöglichen.[381] Vor allem die Auswertungsmöglichkeiten sind sehr umfangreich. Erfasste Daten können systemübergreifend verglichen und verknüpft werden und so optimale Berichte und Prognosen liefern.[382] Eine Gefahr besteht allerdings darin, dass z. B. eine nach unflexiblen Sollwerten ausgewertete Fehl-

375 Däubler, Gläserne Belegschaften, Rn. 288ff.

376 Gola, NZA 2007, S. 1141; Steinkühler/Reif, AuA 2009, S. 216

377 Möller/Zezschwitz von, Videoüberwachung - Wohltat oder Plage, S. 59; Pfalzgraf, Arbeitnehmerüberwachung, S. 43; Hammann/Schmitz/Apitzsch, Überwachung und Arbeitnehmerdatenschutz, S. 86

378 Steinkühler/Reif, AuA 2009, S. 217

379 z. B. das Programm PAISY – Tuchbreiter, Beteiligungsrechte des Betriebsrats bei der Einführung und Anwendung moderner Kommunikationsmittel, S. 67

380 Tinnefeld/Ehmann/Gerling, Einführung in das Datenschutzrecht, S. 52; Däubler, Gläserne Belegschaften, Rn. 24; Höld, Die Überwachung von Arbeitnehmern, S. 60f.

381 Wohlgemuth, Datenschutz für Arbeitnehmer, Rn. 311; Werle, Beteiligungsrechte des Betriebsrates beim Einsatz von EDV, S. 3

382 Höld, Die Überwachung von Arbeitnehmern, S. 61; Tinnefeld/Ehmann/Gerling, Einführung in das Datenschutzrecht, S. 52; Däubler, Arbeitsrecht 1, Rn. 976

zeitentabelle zu schweren Fehlentscheidungen[383] bei betriebsbedingten Kündigungen führen kann.[384] Daher ist bei solchen Entscheidungen eine manuelle Mitarbeiterkontrolle vorgeschrieben.

Die rechtliche Zulässigkeit der Erfassung von Daten in ein Personalinformationssystem hängt stark von der Art und Herkunft der Daten ab. Zunächst ist wichtig, dass ein Bezug der Daten zum betrieblichen Ablauf, also zu den betrieblichen Rechten und Pflichten des Betroffenen, besteht,[385] und dass die Daten auch für die effektive Funktion des Betriebs erforderlich sind.[386] Weiterhin ist eine strenge Zweckbindung notwendig, indem der Arbeitgeber vor Datenerhebung den genauen Zweck der Nutzung festlegt und dem Arbeitnehmer bekannt gibt.[387] Rechtlich unbedenklich ist die Erfassung der sogenannten Stammdaten, also Name, Anschrift, Adresse, Rufnummer, Geschlecht, Sozialdaten wie Familienstand, Einkommen und Unterhaltspflichten sowie Qualifikationsdaten wie Ausbildung, Sprachkenntnisse, Weiterbildungsmaßnahmen, Versetzungen und Beförderungen.[388] Vor allem die Sozial- und Qualifikationsdaten sind im Rahmen einer Sozialauswahl nach § 1 I 1 u. 3 KSchG wichtig und somit zulässig,[389] aber auch die anderen Daten sind als behördliche Auskunftspflichten unbedingt erforderlich.[390] Auch die Erfassung der Fehldaten sind zu Abrechnungszwecken und aufgrund sozialrechtlicher Pflichten erforderlich und somit zulässig.[391]

Bedenklich sind allerdings alle Daten, die über die Stammdaten hinausgehen. Vor allem muss bei diesen eine Datenobjektivität vorlie-

383 Pfalzgraf, Arbeitnehmerüberwachung, S. 3; Schaar, Das Ende der Privatsphäre, S. 206; Sassenberg/Bamberg, DuD 2006, S. 228

384 Schwarz, Arbeitnehmerüberwachung und Mitbestimmung, S. 19; Däubler, Gläserne Belegschaften, Rn. 432

385 Höld, Die Überwachung von Arbeitnehmern, S. 62

386 Tinnefeld/Ehmann/Gerling, Einführung in das Datenschutzrecht, S. 555

387 Höld, Die Überwachung von Arbeitnehmern, S. 63

388 Tinnefeld/Ehmann/Gerling, Einführung in das Datenschutzrecht, S. 555; Höld, Die Überwachung von Arbeitnehmern, S. 64f.

389 Höld, Die Überwachung von Arbeitnehmern, S. 65; Tinnefeld/Ehmann/Gerling, Einführung in das Datenschutzrecht, S. 556

390 Däubler, Gläserne Belegschaften, Rn. 25

391 Tinnefeld/Ehmann/Gerling, Einführung in das Datenschutzrecht, S. 555

gen, d. h. die Daten müssen der Wahrheit[392] entsprechen und ein möglichst objektives Bild der Erfassungssituation ermöglichen, um Missverständnisse zu vermeiden.[393] Ein negatives Beispiel wäre die Erfassung schlechter Leistungsdaten bei einem Mitarbeiter, welcher trotz Krankheit zur Arbeit erschienen ist, ohne diesen Umstand zu berücksichtigen. Auf betriebliche Rechte und Pflichten des Arbeitnehmers bezogene Daten, welche wahrheitsgemäß, aus objektiver Sicht und unter Nennung wichtiger Begleitumstände erfasst werden, sind zulässig,[394] allerdings sind dabei auch die Löschungspflichten zu beachten.[395] Generell müssen Daten sofort gelöscht werden, sobald der Arbeitgeber kein schützenswertes Interesse am deren Verbleib im System mehr hat.[396] Ein Beispiel für die Löschungspflicht wäre das Entfernen einer Abmahnung aus dem System nach Ablauf einer maßgeblichen Zeitspanne ohne weiteren Verstoß.[397]

Subjektive Daten wie Leistungsbeurteilungen sind auch rechtlich bedenklich, allerdings sind sie zur effektiven Personalplanung in der heutigen Zeit unbedingt erforderlich. Daher ist auch hier eine Speicherung zulässig, sofern die erfassten Daten valide sind und im eindeutigen Zusammenhang mit der Tätigkeit im Unternehmen stehen.[398] Eine Erfassung von Daten aus dem Privatleben des Arbeitnehmers,[399] beispielsweise des Golfhandicaps, um einen schwachen Gegner für den Chef beim alljährlichen Golfturnier auszuwählen, ist in jedem Falle unzulässig.

Ein weiterer wichtiger Punkt ist die vertrauliche Behandlung der erfassten Daten. Nach dem BDSG ist vom Arbeitgeber darauf zu achten, dass der Zugang zu den Personalinformationssystemen nur mit persönlichen Zugangsdaten inkl. Passwort möglich ist, und auch der Kreis der Mitarbeiter, welcher Zugang zum System hat, muss so klein wie möglich gehalten werden - beispielsweise nur die Mitarbeiter der

392 Zilkens/Klett, DuD 2008, S. 47

393 Höld, Die Überwachung von Arbeitnehmern, S. 66

394 Tinnefeld/Ehmann/Gerling, Einführung in das Datenschutzrecht, S. 555; Höld, Die Überwachung von Arbeitnehmern, S. 66

395 Schild/Tinnefeld, DuD 2009, S. 474

396 Sauer, AuA 2009, S. 515; Höld, Die Überwachung von Arbeitnehmern, S. 66

397 Höld, Die Überwachung von Arbeitnehmern, S. 66

398 Höld, Die Überwachung von Arbeitnehmern, S. 67

399 Däubler, Gläserne Belegschaften, Rn. 257

Personalverwaltung.[400] Die gleichen Anforderungen, welche an die Personal-verwaltung gestellt werden, müssen auch für die Mitarbeiter im Rechenzentrum gelten, da auch die Datensicherung des Personalinformationssystems vertraulich behandelt werden muss und im Idealfall verschlüsselt werden sollte.

3.2.3 Ortung von Mitarbeitern

Abschließend betrachten wir noch ein sehr umstrittenes Thema, nämlich die Standortbestimmung der Arbeitnehmer außerhalb des Betriebs. Auf dem Firmengelände können, wie im letzten Kapitel erwähnt,[401] digitale Ausweise die Bestimmung des ungefähren Standorts eines Mitarbeiters ermöglichen,[402] außerhalb sind heute zwei technische Möglichkeiten verbreitet[403]: die Ortung des Firmenhandys über eine Funkzellenortung[404] und die satellitengestützte Ortung über spezielle Überwachungseinrichtungen per GPS.[405] Die GPS-Ortung war früher nur für Fahrzeuge relevant, da die erforderlichen Geräte auf Grund ihrer Größe nicht mitgeführt werden konnten. Heute ist die GPS-Ortung sogar mit Mobiltelefonen möglich: Eine Vielzahl der aktuell verfügbaren Mobiltelefone haben GPS-Module integriert, die mit entsprechender Software eine metergenaue Ortung[406] möglich

400 Zilkens/Klett, DuD 2008, S. 46; Höld, Die Überwachung von Arbeitnehmern, S. 63

401 Kapitel 3.2.1. - S. 51

402 Däubler, Gläserne Belegschaften, Rn. 318

403 Gola/Klug, NJW 2007, S. 2456; Däubler, CR 2005, S. 770

404 Unter Funkzellenortung versteht man die Bestimmung der Position eines Mobiltelefons, anhand der Kenntnis der Sendemasten im Empfangsbereich des Handys. Auf diese Weise ist eine Standortbestimmung mit einer Genauigkeit von mehreren hundert Meter (im ländlichen Bereich mit wenig Sendemasten), bis hin zu wenigen Metern (im Stadtgebiet mit vielen Sendemasten) – Hammann/Schmitz/Apitzsch, Überwachung und Arbeitnehmerdatenschutz, S. 81; Gola, NZA 2007, S. 1142f.; Oberwetter, NZA 2008, S. 612

405 GPS steht für Global Positioning System, und stellt ein vom amerikanischen Militär betriebenes Ortungssystem, das mit Hilfe von bis zu 32 Satelliten eine Ortungsgenauigkeit von 7,8 m ermöglicht. (Quelle: Wikipedia)

406 Hammann/Schmitz/Apitzsch, Überwachung und Arbeitnehmerdatenschutz, S. 81

machen.[407] Solche Ortungsmöglichkeiten bieten dem Arbeitgeber einige Vorteile. Es ist z. B. eine optimale Koordinierung der Außendienstmitarbeiter oder der Fahrzeuge möglich,[408] was eine sehr schnelle und kosteneffiziente Reaktionsmöglichkeit ermöglicht. Außerdem können durch ein vollständiges Bewegungsprofil Pflichtverletzungen des Arbeitnehmers nachgewiesen werden,[409] womit zugleich die Nachteile deutlich werden.

Eine Ortung des Firmenhandys oder eine sonstige Form der Standortermittlung durch den Arbeitgeber stellt ein datenschutzrechtliches Problem dar. Das Überwachungsinteresse des Arbeitgebers ist gegenüber dem allgemeinen Persönlichkeitsrecht des Arbeitnehmers abzuwägen. Durch die Ortungsmöglichkeit kann beim Arbeitnehmer ein Überwachungsdruck entstehen, welcher einen schwerwiegenden Eingriff in seine Schutzrechte darstellt. Eine permanente Ortung, welche ein lückenloses Bewegungsprofil des Arbeitnehmers zur Folge hat, ist generell unzulässig.[410] Gleiches gilt für eine Positionsbestimmung, welche nur aus Gründen der Kontrolle des Arbeitsverhaltens begründet wird.[411] Eine gelegentliche Ortung, welche zweckgebunden[412] für das Flottenmanagement oder die Koordinierung der Mitarbeitereinsätze erfolgt,[413] verfolgt ein wichtiges Ziel und ist erforderlich für den effektiven kostensparenden Einsatz von Fahrzeugen und Mitarbeitern und somit zulässig.[414] Allerdings muss der Arbeitnehmer darüber in

407 Gola, NZA 2007, S. 1143

408 Schaar, Das Ende der Privatsphäre, S. 206; Hallaschka/Jandt, MMR 2006, S. 436

409 Tinnefeld/Ehmann/Gerling, Einführung in das Datenschutzrecht, S. 53f.; Hammann/Schmitz/Apitzsch, Überwachung und Arbeitnehmerdatenschutz, S. 82; Däubler, Gläserne Belegschaften, Rn. 318ff.; Hallaschka/Jandt, MMR 2006, S. 436

410 Höld, Die Überwachung von Arbeitnehmern, S. 182; Steinkühler/Reif, AuA 2009, S. 216; Gola, NZA 2007, S. 1144; AK „Datenschutz in Recht und Praxis", DuD 2008, S. 653f.; Oberwetter, NZA 2008, S. 612; Lunk, NZA 2009, S. 461

411 Däubler, Gläserne Belegschaften, Rn. 321

412 Hammann/Schmitz/Apitzsch, Überwachung und Arbeitnehmerdatenschutz, S. 81

413 Gola, NZA 2007, S. 1144; Hammann/Schmitz/Apitzsch, Überwachung und Arbeitnehmerdatenschutz, S. 81; Oberwetter, NZA 2008, S. 612

414 Höld, Die Überwachung von Arbeitnehmern, S. 183

Kenntnis gesetzt sein[415] und die Möglichkeit haben, die Überwachungsfunktion in den Pausenzeiten oder außerhalb der Arbeitszeiten[416] zu deaktivieren.[417] Die Ortung im Falle eines begründeten Verdachts auf eine schwerwiegende Vertragsverletzung ist zulässig, sofern keine anderen Mittel, wie z. B. der Einsatz eines Detektivs, dafür in Frage kommen.[418]

3.3 Kontrolle durch Videoüberwachung

Neben den Auswirkungen auf die betrieblichen Kommunikationsmittel hat der technologische Fortschritt auch die Überwachungsmöglichkeiten mit Hilfe von Videokameras grundlegend verändert. Während z. B. in Bahnhöfen, Tankstellen oder Supermärkten[419] die Präsenz von Videokameras von der Bevölkerung als „normal" empfunden wird, wird im Arbeitsumfeld noch sehr empfindlich auf die visuelle Überwachung reagiert.[420] Allerdings ist auch die Nutzung von Videokameras ein wichtiges Mittel zur Erfüllung des Überwachungsinteresses des Arbeitgebers, da auch auf diese Weise eine Kontrolle eines Bereichs oder Mitarbeiters möglich ist, um arbeitsvertragliche Pflichtverletzungen oder strafbare Handlungen nachzuweisen oder die betriebliche Sicherheit zu gewährleisten. Zunächst wird auf die technischen Möglichkeiten der Videoüberwachung in der heutigen Zeit eingegangen, anschließend werden die Interessen des Arbeitsgebers an der Nutzung der Kameratechnik dargestellt und abschließend die rechtliche Zulässigkeit und mögliche Konsequenzen der offenen bzw. verdeckten Videoüberwachung erläutert.

415 Steinkühler/Reif, AuA 2009, S. 216; Gola, NZA 2007, S. 1143; Oberwetter, NZA 2008, S. 612; Hallaschka/Jandt, MMR 2006, S. 440

416 Oberwetter, NZA 2008, S. 612

417 Däubler, Gläserne Belegschaften, Rn. 322; Hammann/Schmitz/Apitzsch, Überwachung und Arbeitnehmerdatenschutz, S. 82; Steinkühler/Reif, AuA 2009, S. 216; Gola, NZA 2007, S. 1143

418 Steinkühler/Reif, AuA 2009, S. 216; Höld, Die Überwachung von Arbeitnehmern, S. 183; Lunk, NZA 2009, S. 461

419 Willkommen, Videoüberwachung und Sicherheit(sgefühl), S. 4; Schaar, Das Ende der Privatsphäre, S. 59;

420 Müller, Die Zulässigkeit der Videoüberwachung am Arbeitsplatz, S. 19f

3.3.1 Technische Möglichkeiten

Wo früher noch ein komplettes Regal mit Langzeitvideorecordern stand und kilometerweise Videokabel zu den analogen Kameras in der Größe einer Milchtüte gelegt werden mussten, steht heute ein Videoserver in der Größe eines Schuhkartons, welcher über das vorhandene EDV-Netzwerk von digitalen IP-Kameras in der Größe einer Zigarettenschachtel seine Bildsignale bekommt. Dieses Beispiel zeigt, dass der Aufwand für eine visuelle Überwachung heute nicht mehr so groß ist wie vor einigen Jahren. Durch die Massenproduktion und die neuen Videosignal-Übertragungswege sind die Kosten für eine Videoüberwachung unbedeutend gering geworden.[421] Die Entwicklung der Technik ermöglicht außerdem einen viel effektiveren Einsatz: Die Auflösung, also die Genauigkeit des Videobildes, ist viel höher, somit sind weniger Kameras (z. B. zur Überwachung von Außenbereichen) notwendig. Außerdem werden motorisierte Kameras, welche eine Bewegung des Sichtfeldes ermöglichen, heute durch Kameras mit 180 Grad-Optik, die eine „virtuelle" Bewegung[422] auch nach einer Aufzeichnung ermöglichen, ersetzt.

Im Bereich der verdeckten Videoüberwachung gibt es ebenfalls neue Methoden. Als Folge einer ständig fortschreitenden Miniaturisierung[423] sind heute Überwachungen mit Kameramodulen in der Größe eines Eurostückes möglich – die Öffnung für die Optik entspricht nur noch einem Stecknadelkopf.[424] Die Kameratechnik wird heute in allen Unternehmensbereichen eingesetzt – zum Teil in datenschutzrechtlich bedenklichem Gebiet.

421 Höld, Die Überwachung von Arbeitnehmern, S. 86; Oberwetter, NZA 2008, S. 609; Tinnefeld/Viethen, NZA 2003, S. 471; Müller, Die Zulässigkeit der Videoüberwachung am Arbeitsplatz, S. 23f.; Pfalzgraf, Arbeitnehmerüberwachung, S. 44f.

422 Es wird ein 180 Grad-Video aufgezeichnet und anschließend kann die Kamera virtuell, auch bei einem Standbild, bewegt werden.; Beitrag auf wodalux.lu – Videoüberwachung –www.wodalux.lu/home/technische-informationssicherheit/videoueberwachung.html

423 Tinnefeld/Viethen, NZA 2003, S. 471; Fischer in Hanau, Personalrecht im Wandel, S. 76; Pfalzgraf, Arbeitnehmerüberwachung, S. 44f

424 Pfalzgraf, Arbeitnehmerüberwachung, S. 39; Höld, Die Überwachung von Arbeitnehmern, S. 86

3.3.2 Spezifische Interessen des Arbeitgebers

Die Interessen des Arbeitgebers an einer Videoüberwachung bestehen im Allgemeinen darin, das Verhalten der Mitarbeiter zu überwachen bzw. die Sicherheit des Unternehmens, der Mitarbeiter oder der Allgemeinheit zu gewährleisten.

Gründe für die Verhaltensüberwachung der Mitarbeiter wurden bereits genannt: Leistungs- und Missbrauchskontrolle, die Aufdeckung von strafrechtlich[425] oder wirtschaftkriminalistisch[426] relevanten Handlungen[427] und vor allem deren Beweissicherung.[428] Außerdem kommen gesetzlich vorgeschriebene Überwachungsgründe in Frage, wie z. B. die Videoüberwachung von Spielhallen oder Spielkasinos nach den Unfallverhütungsvorschriften UVV.[429] Wie im Bereich der Überwachung der betrieblichen Kommunikationsmittel ist vor allem bei der offenen Videoüberwachung der Abschreckungseffekt[430] ein positiver Nebeneffekt, welcher aber auch negativ als Überwachungsdruck[431] empfunden werden kann.

Für die Sicherheit des Unternehmens, der Mitarbeiter oder der Allgemeinheit sind neben den Zugangskontrollen durch digitale Ausweise oder biometische Merkmale[432] Videoüberwachungsanlagen ein sehr effizientes „Werkzeug".[433] Die Sicherheit des Unternehmens kann durch die Überwachung der Betriebsbereiche gewährleistet werden, in denen ein erhöhtes Risiko für kriminelle Handlungen von

---

425 Müller, Die Zulässigkeit der Videoüberwachung am Arbeitsplatz, S. 156f.

426 Pfalzgraf, Arbeitnehmerüberwachung, S. 41f.; Müller, Die Zulässigkeit der Videoüberwachung am Arbeitsplatz, S. 17

427 Kapitel 2 - S. 3ff.

428 Pfalzgraf, Arbeitnehmerüberwachung, S. 41

429 Müller, Die Zulässigkeit der Videoüberwachung am Arbeitsplatz, S. 159

430 Gola, NZA 2007, S. 1139; Willkommen, Videoüberwachung und Sicherheit(sgefühl), S. 10; Pfalzgraf, Arbeitnehmerüberwachung, S. 43; Gola/ Wronka, Handbuch zum Arbeitnehmerdatenschutz, Rn. 376; Schaar, Das Ende der Privatsphäre, S. 64

431 Sassenberg/Bamberg, DuD 2006, S. 229; Höld, Die Überwachung von Arbeitnehmern, S. 89; Oberwetter, NZA 2008, S. 610; Gola, NZA 2007, S. 1139; Kaufmann, DuD 2006, S. 230; Pfalzgraf, Arbeitnehmerüberwachung, S. 208; Gola/Wronka, Handbuch zum Arbeitnehmerdatenschutz, Rn. 384

432 Kapitel 3.2.1. – S. 53

433 Gola, NZA 2007, S. 1139

Dritten besteht, wie z. B. in Lagerhallen, Verkaufs- oder Tresorräumen.[434] Außerdem können die Eingangsbereiche überwacht werden, um unberechtigte Eindringlinge zu erkennen.[435] Neben der Sicherheit des Unternehmens ist auch eine Videoüberwachung zur Gewährleistung der Mitarbeitersicherheit ein berechtigtes Interesse des Arbeitgebers. Hier wäre besonders die Überwachung von Räumlichkeiten zu erwähnen, in denen ein erhöhtes Überfallsrisiko besteht, wie z. B. Schalterhallen oder Banktresorräume.[436] Außerdem kommen Bereiche in Frage, welche zum Schutz der dort tätigen Arbeitnehmer überwacht werden müssen, wie z. B. Hochöfen oder chemische Anlagen.[437] Schließlich gibt es noch berechtigte Gründe zur Videoüberwachung, um die Sicherheit der Allgemeinheit zu gewährleisten. Dies sind vor allem Betriebe bzw. Betriebsbereiche, in denen ein fehlerhaftes Arbeitsverhalten eine Störung mit erheblichen Auswirkungen auf die Allgemeinheit verursachen kann.[438] Zu nennen sind hier Chemieanlagen, Kernkraftwerke und sonstige Betriebe, welche die Grundversorgung der Bevölkerung gewährleisten.[439] Neben dem versehentlichen Fehlverhalten eines Mitarbeiters[440] gibt es die absichtliche Sabotage aufgrund von kriminellen oder terroristischen Motiven.[441]

Es kommen also mehrere Überwachungsbereiche in Frage. Da für die Arbeitnehmer überwiegend die Überwachung des Arbeitsplatzes von Bedeutung ist, wird im weiteren Verlauf nur die Zulässigkeit der offenen bzw. verdeckten Überwachung des nicht öffentlich zugänglichen Arbeitsplatzes betrachtet. Bei öffentlich zugänglichen Arbeitsplätzen (z. B. Verkaufsräumen, Restaurants und Arztpraxen) müsste neben § 28 I BDSG zusätzlich der § 6b BDSG Anwendung finden,

434 Schild/Tinnefeld, DuD 2009, S. 473; Müller, Die Zulässigkeit der Videoüberwachung am Arbeitsplatz, S. 157; Steinau-Steinrück von/Glanz, NJW-Spezial 2008, S. 402; Hartenauer, Grenzen der Kontrolle im Betrieb, S. 8

435 Tinnefeld/Viethen, NZA 2003, S. 471

436 Schild/Tinnefeld, DuD 2009, S. 473; Dann/Gastell, NJW 2008, S. 2948; Hartenauer, Grenzen der Kontrolle im Betrieb, S. 8

437 Müller, Die Zulässigkeit der Videoüberwachung am Arbeitsplatz, S. 157

438 Gola/Wronka, Handbuch zum Arbeitnehmerdatenschutz, Rn. 389

439 Müller, Die Zulässigkeit der Videoüberwachung am Arbeitsplatz, S. 157

440 Tinnefeld/Viethen, NZA 2003, S. 471

441 Müller, Die Zulässigkeit der Videoüberwachung am Arbeitsplatz, S. 16

welcher für nicht öffentlich zugängliche Bereiche aber ausdrücklich nicht gilt.[442]

Abb. 7 – Das Piktogramm für Videoüberwachung nach DIN

Quelle: www.wikipedia.de

3.3.3 Offene Videoüberwachung am Arbeitsplatz

Offene Videoüberwachung bedeutet, dass die betroffenen Arbeitnehmer informiert sind, dass eine Überwachung durch Videotechnik erfolgt und die Kameras auch für den Betroffenen erkennbar sind.[443] Die Kennzeichnung der überwachten Bereiche mit entsprechenden Hinweistafeln (siehe Abb. 8) ist zu empfehlen, um auch eventuelle Besucher auf die Videoüberwachung hinzuweisen. Generell ist eine offene Videoüberwachung im Betrieb zulässig, allerdings muss wie bei allen Überwachungsmaßnahmen die Verhältnismäßigkeit beachtet werden.[444] Wichtig für die weitere Betrachtung der Zulässigkeit der

442 Lunk, NZA 2009, S. 460; Oberwetter, NZA 2008, S. 609f.; Däubler, CR 2005, S. 771; Polenz, DuD 2009, S. 563; Dann/Gastell, NJW 2008, S. 2948; Steinau-Steinrück von/Glanz, NJW-Spezial 2008, S. 402

443 Pfalzgraf, Arbeitnehmerüberwachung, S. 212; Maties, NJW 2008, S. 2220; Gola/Wronka, Handbuch zum Arbeitnehmerdatenschutz, Rn. 387

444 siehe Urteil vom 26.08.2008 des BAG 1 ABR 16/07 (Rn. 13 u. 17); Hummel in Müller-Heidelberg/Finckh/Steven/Habbe/Micksch/Kaleck/Kutscha/Gössner/

Maßnahme im Rahmen dieser Arbeit ist, dass der Arbeitsplatz nicht öffentlich zugänglich und somit der überwachte Personenkreis bekannt ist. Zu unterscheiden ist zwischen der präventiven (vorbeugenden) und der repressiven Überwachung zur Feststellung und Beweissicherung im Falle einer vermuteten oder tatsächlich festgestellten Straftat oder anderweitigen Vertragsverletzung.[445]

Die präventive Überwachung bezieht sich nicht auf ein in der Vergangenheit eingetretenes Ereignis, sondern soll vorbeugend negative Ereignisse verhindern.[446] Zur Wahrung von Arbeitnehmerinteressen kommt ein Schutz nach § 28 I BDSG in Verbindung mit dem Persönlichkeitsschutz hinsichtlich des Rechts am eigenen Bild in Betracht.[447] Es muss ein objektiv berechtigtes Interesse des Arbeitgebers vorliegen, welches der Erfüllung eigener Geschäftszwecke dient und Vorrang gegenüber den Arbeitnehmerinteressen hat.[448] Ein grundsätzliches Interesse, dass es nicht zu Vertragsverletzungen kommt und die Arbeitsleistung ordentlich erbracht wird, kommt nicht in Frage,[449] da zu diesem Zweck leichtere Überwachungsmethoden ausreichend wären.[450] Auch das BAG[451] hat klargestellt, dass präventive Maßnahmen schwere Eingriffe in das Persönlichkeitsrecht der Arbeitnehmer darstellen und daher eine Verhältnismäßigkeit im Einzelfall anhand der Intensität des Eingriffs (bedingt durch die Art und den Zeitraum der Überwachung und die Anzahl der überwachten Personen) geprüft werden muss.[452] Außerdem ist unbedingt eine Zweckbindung des Überwachungsvorgangs erforderlich.[453] Da eine permanente Überwa-

---

Schreiber, Grundrechte-Report 2005, S. 35; Maschmann, Festschrift für Wolfgang Hromadka zum 70. Geburtstag, S. 242

445 Willkommen, Videoüberwachung und Sicherheit(sgefühl), S. 5; Höld, Die Überwachung von Arbeitnehmern, S. 94

446 Höld, Die Überwachung von Arbeitnehmern, S. 100

447 Hartenauer, Grenzen der Kontrolle im Betrieb, S. 7; Pfalzgraf, Arbeitnehmerüberwachung, S. 71

448 Lunk, NZA 2009, S. 460; Höld, Die Überwachung von Arbeitnehmern, S. 100

449 Ostmann/Kappel, AuA 2008, S. 658

450 Höld, Die Überwachung von Arbeitnehmern, S. 101

451 siehe Urteil vom 29.06.2005 des BAG 1 ABR 21/03

452 Lunk, NZA 2009, S. 460; Freckmann/Wahl, BB 2008, S. 1906

453 Müller, Die Zulässigkeit der Videoüberwachung am Arbeitsplatz, S. 162f.; Pfalzgraf, Arbeitnehmerüberwachung, S. 214; Weißgerber, Arbeitsrechtliche

chung einen sehr schweren Eingriff in das Persönlichkeitsrecht darstellt, ist eine präventive Überwachung nur bei qualifizierten Sicherheitsinteressen, also bei erhöhtem Diebstahlrisiko auf Grund besonders kostbarer oder schwer kontrollierbarer[454] Warenbestände oder bei erhöhtem Sicherheitsrisiko durch Dritte, beispielsweise in Banken oder an Flughäfen, zulässig.[455]

Eine repressive, offene Videoüberwachung dient zur Feststellung einer Straftat oder Pflichtverletzung, welche vor Beginn der Videoüberwachung[456] bereits vermutet wurde. Außerdem kommt der Aspekt der Beweissicherung hinzu, welche durch die Aufzeichnung der Bilddaten erfolgen kann. Auch hier ist im Einzelfall zu prüfen, ob die Überwachungsmaßnahme verhältnismäßig ist und ob keine andere Möglichkeit der Überwachung in Betracht kommt.[457] Wenn ein durch objektive Tatsachen begründeter Verdacht auf eine Straftat oder eine sonstige schwerwiegende Vertragsverletzung vorliegt,[458] welche räumlich, zeitlich und funktional konkretisiert werden kann und somit nur potentielle Täter betrifft, dann ist eine Videoüberwachung in der Regel zulässig.[459] Wichtig ist allerdings, dass die Arbeitnehmer nicht unter Generalverdacht gestellt werden,[460] sondern nur die potentiellen Täter

---

Fragen bei Computerarbeitsplätzen, S. 138; Hammann/Schmitz/Apitzsch, Überwachung und Arbeitnehmerdatenschutz, S. 84

454 Beispielsweise in einem Lagerraum für Kleinteile – Höld, Die Überwachung von Arbeitnehmern, S. 102

455 Schild/Tinnefeld, DuD 2009, S. 473; Höld, Die Überwachung von Arbeitnehmern, S. 102

456 Siehe Urteil von 18.09.2008 des LAG Rheinland-Pfalz 2 Sa 315/08 (Rn. 39)

457 Fischer in Hanau, Personalrecht im Wandel, S. 91; Höld, Die Überwachung von Arbeitnehmern, S. 95

458 Däubler, CR 2005, S. 771; Pfalzgraf, Arbeitnehmerüberwachung, S. 212f.; Däubler, Gläserne Belegschaften, Rn. 312; Hammann/Schmitz/Apitzsch, Überwachung und Arbeitnehmerdatenschutz, S. 83

459 Höld, Die Überwachung von Arbeitnehmern, S. 97; Bertzbach, JurisPR-ArbR 46/2004, Anm. 1

460 siehe Urteil vom 29.9.2006 des LAG Köln 4 Sa 772/06 (Rn. 21); Grosjean, Der Betrieb 2003, S. 2650; Schild/Tinnefeld, DuD 2009, S. 473; Kiper in Schulzki-Haddouti, Bürgerrechte im Netz, S. 92; Maschmann, Festschrift für Wolfgang Hromadka zum 70. Geburtstag, S. 242

überwacht werden[461] und dass die Überwachung zeitlich begrenzt erfolgt.[462] Neben dem Monitoring, also der Darstellung des Videobildes in Echtzeit[463], ist eine Aufzeichnung des Videomaterials zu Beweissicherungszwecken in der Regel auch zulässig,[464] wobei das aufgezeichnete Material unverzüglich zu löschen ist, wenn es zur Erreichung des Überwachungszweckes nicht mehr erforderlich ist.[465]

3.3.4 Verdeckte Videoüberwachung am Arbeitsplatz

Die verdeckte, also heimliche Videoüberwachung setzt den Arbeitnehmer nicht unter Überwachungsdruck,[466] allerdings ist der Eingriff in sein Persönlichkeitsrecht sehr schwerwiegend.[467] Die Verhältnismäßigkeit ist somit ebenfalls im Einzelfall abzuwägen, wobei im Vergleich zur offenen Videoüberwachung die Interessen des Arbeitgebers noch stärker überwiegen müssen, da ein noch schwerer Eingriff in die Privatsphäre gegeben ist.[468] Eine präventive heimliche Videoüberwachung widerspricht dem primären Sinn einer solchen Überwachung, nämlich der Abschreckung, und ist somit generell unzulässig.[469]

Die repressive heimliche Videoüberwachung stellt dagegen ein sehr wichtiges Mittel zur Beweissicherung dar. Sie stellt zwar einen

461 siehe Urteil vom 5.11.2003 des ArbG Düsseldorf 10 Ca 8003/03 (Rn. 16); Freckmann/Wahl, BB 2008, S. 1904; Steinau-Steinrück von/Glanz, NJW-Spezial 2008, S. 402; Müller, Die Zulässigkeit der Videoüberwachung am Arbeitsplatz, S. 124; Pfalzgraf, Arbeitnehmerüberwachung, S. 212f.

462 Höld, Die Überwachung von Arbeitnehmern, S. 97

463 Maschmann, Festschrift für Wolfgang Hromadka zum 70. Geburtstag, S. 240; Hartenauer, Grenzen der Kontrolle im Betrieb, S. 7; Pfalzgraf, Arbeitnehmerüberwachung, S. 213

464 Höld, Die Überwachung von Arbeitnehmern, S. 99

465 AK „Datenschutz in Recht und Praxis", DuD 2008, S. 653; Oberwetter, NZA 2008, S. 610; Müller, Die Zulässigkeit der Videoüberwachung am Arbeitsplatz, S. 163; Gola/Wronka, Handbuch zum Arbeitnehmerdatenschutz, Rn. 396

466 Maschmann, Festschrift für Wolfgang Hromadka zum 70. Geburtstag, S. 244

467 Oberwetter, NZA 2008, S. 610; Höld, Die Überwachung von Arbeitnehmern, S. 97f.

468 Maschmann, Festschrift für Wolfgang Hromadka zum 70. Geburtstag, S. 244

469 Höld, Die Überwachung von Arbeitnehmern, S. 102

gravierenden Eingriff in das Persönlichkeitsrecht des Arbeitnehmers dar, wird aber regelmäßig für zulässig erklärt, da eine Änderung der Verhaltensweise und eine Vertuschung der negativen Handlung durch die Kenntnis der Videoüberwachung[470] verhindert werden kann[471] und so die Möglichkeit zur Beweissicherung gewährleistet ist. Die Überwachung kann daher als Handlung auf Grund einer notwehrähnliche Lage gewertet werden kann.[472] Die verdeckte Überwachung muss allerdings zeitlich und räumlich sehr begrenzt erfolgen,[473] und es muss, wie bei der offenen repressiven Videoüberwachung, ein durch objektive Tatsachen begründeter Verdacht auf eine Straftat oder sonstige schwerwiegende Vertragsverletzung vorliegen.[474] Eine besondere Intensität der Straftat ist nicht erforderlich, auch ein Diebstahl geringwertiger Sachen reicht für eine Zulässigkeit aus.[475] Außerdem müssen alle milderen Mittel zur Beweissicherung ausgeschöpft oder nicht erfolgsversprechend sein.[476]

---

470 Maties, NJW 2008, S. 2220

471 Müller, Die Zulässigkeit der Videoüberwachung am Arbeitsplatz, S. 164; Höld, Die Überwachung von Arbeitnehmern, S. 98; Maschmann, Festschrift für Wolfgang Hromadka zum 70. Geburtstag, S. 244f.; Pfalzgraf, Arbeitnehmerüberwachung, S. 214

472 Bayreuther, NZA 2005 S. 1041; Grosjean, Der Betrieb 2003, S. 2650; Müller, Die Zulässigkeit der Videoüberwachung am Arbeitsplatz, S. 120f.; Pfalzgraf, Arbeitnehmerüberwachung, S. 214

473 Maschmann, Festschrift für Wolfgang Hromadka zum 70. Geburtstag, S. 245; Hartenauer, Grenzen der Kontrolle im Betrieb, S. 5

474 siehe Urteil vom 7.9.2004 des ArbG Freiburg 4 Ca 128/04 (Rn. 31); Urteil vom 18.5.2004 des LAG Mecklenburg-Vorpommern 1 Sa 287/03 (Rn. 42); Höld, Die Überwachung von Arbeitnehmern, S. 98; Lunk, NZA 2009, S. 460; Oberwetter, NZA 2008, S. 610; Gola, NZA 2007, S. 1139; Blumenthal von/Niclas, ITRB 2009, S. 217; Ostmann/Kappel, AuA 2008, S. 658; Schild/Tinnefeld, DuD 2009, S. 473; Dann/Gastell, NJW 2008, S. 2948

475 Oberwetter, NZA 2008, S. 610; Maties, NJW 2008, S. 2220; Polenz, DuD 2009, S. 563

476 siehe Urteil vom 27.3.2003 des BAG 2 AZR 51/02 (Rn. 28); Urteil vom 5.3.2003 des LAG Berlin 10 TaBV 2089/02 (Rn. 52); Urteil vom 28.12.2005 des LAG Köln 9 Ta 361/05 (Rn. 20); Lunk, NZA 2009, S. 460; Oberwetter, NZA 2008, S. 610; Gola, NZA 2007, S. 1139; Polenz, DuD 2009, S. 563; Freckmann/Wahl, BB 2008, S. 1905; Schild/Tinnefeld, DuD 2009, S. 473; Maschmann, Festschrift für Wolfgang Hromadka zum 70. Geburtstag, S. 245; Pfalzgraf, Arbeitneh-

Videoüberwachungen, welche die Intimsphäre eines Mitarbeiters berühren, wie z. B. die Überwachung der Umkleide oder Toilettenbereiche ist generell unzulässig und stellte eine menschenunwürdige Überwachung des Arbeitnehmers dar.[477]

merüberwachung, S. 215; Gola/Wronka, Handbuch zum Arbeitnehmerdatenschutz, Rn. 387

477 Oberwetter, NZA 2008, S. 610; Höld, Die Überwachung von Arbeitnehmern, S. 98; Maties, NJW 2008, S. 2220; Dann/Gastell, NJW 2008, S. 2948; Steinau-Steinrück von/Glanz, NJW-Spezial 2008, S. 402; Hartenauer, Grenzen der Kontrolle im Betrieb, S. 7

4 NICHT-TECHNISCHE MÖGLICHKEITEN DER ÜBERWACHUNG

Mehrmals wurde nun schon vom technologischen Fortschritt gesprochen, welcher die heutigen technischen Überwachungsmöglichkeiten erst ermöglicht bzw. notwendig gemacht hat. Allerdings existieren auch, und zwar schon viel länger als die in diesem Zusammenhang erwähnten Methoden, nicht-technische Überwachungsmöglichkeiten. Der Vollständigkeit halber wird diese Arbeit auch darüber einen kurzen Überblick geben, wobei in der heutigen Zeit eine strikte Trennung schwierig wird, da z. B. die Detektive auch technische Hilfsmittel wie versteckte Kameras, Abhörmikrofone oder GPS-Ortungssysteme verwenden, was dann eine rechtliche Beurteilung der Zulässigkeit anhand der verwendeten Technik erforderlich macht. Auf den nächsten Seiten wird die rechtliche Zulässigkeit einer rein nicht-technischen Überwachung, also ohne technische Hilfsmittel, durch eigene Mitarbeiter oder externe Detektive dargestellt.

4.1 Überwachung durch Mitarbeiter

Wenn man „Überwachung durch Mitarbeiter" hört, denkt man zunächst an vom Chef beauftrage Spitzel in der Abteilung, welche heimlich ihre Kollegen aushorchen und anschließend berichten, wer welche bösen Witze über den Chef erzählt hat. Sogenannte Whistleblower-Richtlinien[478], die jeden Mitarbeiter zur Meldung des Fehlverhaltens

478 Whistleblowing = Pfeife blasen, und steht in diesem Zusammenhang für „ein Fehlverhalten melden" oder – aus der Sicht des Täters – „jemanden verpfeifen"

eines anderen Mitarbeiters mittels einer kostenlosen anonymen firmeneigenen Hotline verpflichten, wurden tatsächlich in vielen Unternehmen eingeführt.[479] Allerdings gehen wir hier auf die ganz normale, durch die unternehmenseigene Hierarchie bedingte Überwachung der Mitarbeiter durch einen Vorgesetzten ein.

Eine Leistungskontrolle der Arbeitnehmer durch ihren Vorgesetzten ist zur Überprüfung der arbeitsvertraglichen Leistungspflichten üblich und wird somit als rechtlich unbedenklich angesehen.[480] Eine wichtige Voraussetzung ist im Falle dieser Art der Überwachung, dass sie nicht permanent erfolgt und vor allem, dass ein Bezug zum betrieblichen Ablauf vorliegt.[481] Durch die gelegentliche Überprüfung der Arbeitsleistungen des Mitarbeiters sind diese Voraussetzungen erfüllt.[482] Diese Kontrolle kann durch die offene Beobachtung am Arbeitsplatz, die Einsichtnahme in erledigte Arbeitsvorgänge oder die Konfrontation mit Fehlern und anschließender Forderung nach einer Stellungnahme erfolgen und muss immer für den Arbeitnehmer erkennbar sein.[483] Ein auf objektive Tatsachen gegründeter Verdacht, dass der Arbeitnehmer eine Straftat oder schwere Vertragsverletzung begangen hat, berechtigt auch zu nicht offensichtlichen Überwachungsmethoden, wie z. B. einer Ehrlichkeitskontrolle, bei welcher der Arbeitgeber künstlich eine Gelegenheit zur Begehung eines solchen Vergehens schafft.[484] In der Regel kommt hier nur eine innerbetriebliche Überwachung in Frage – eine außerbetriebliche ist unzulässig, außer das betriebliche Interesse überwiegt über das Interesse auf die Wahrung der Privatsphäre des Arbeitnehmers, was z. B. bei einem Verdacht auf die Vortäuschung einer Arbeitsunfähigkeit der Fall wäre. Ein Interesse nach Ausforschung des Freizeitverhaltens eines Arbeitnehmers, um beispielsweise eine Personalentscheidung zu treffen, ist nicht ausreichend für eine außerbetriebliche Überwachung.[485] Gleiches

479 Barthel/Huppertz, AuA 2006, S. 204; Polenz, DuD 2009, S. 561f.; Ohlendorf/Bünning, AuA 2006, S. 202

480 Höld, Die Überwachung von Arbeitnehmern, S. 15

481 Höld, Die Überwachung von Arbeitnehmern, S. 14

482 Höld, Die Überwachung von Arbeitnehmern, S. 15

483 Höld, Die Überwachung von Arbeitnehmern, S. 27

484 Lunk, NZA 2009, S. 461, siehe Urteil vom 18.11.1999 des BAG 2 AZR 743/98

485 Höld, Die Überwachung von Arbeitnehmern, S. 14

gilt auch für die innerbetriebliche Ausforschung des Freizeitverhaltens in Arbeitspausen.

4.2 Überwachung durch Detektive

Neben den eigenen Mitarbeitern können auch externe Detektive beauftragt werden, eine Kontrollfunktion zu übernehmen. Dies kann in Form einer heimlichen Beobachtung im Hintergrund, z. B. bei der Überprüfung einer Krankmeldung, erfolgen, oder die Detektive werden in den Abteilungen als neue Mitarbeiter eingeschleust und übernehmen dann dort ihre Überwachungsfunktion.

Detektive kommen in der Regel dann zum Einsatz, wenn ein konkreter Verdacht auf eine Vertragsverletzung oder eine Straftat vorliegt. Deren Aufgabe besteht darin, eine Straftat oder Vertragsverletzung festzustellen, aufzuklären und vor allem im Hinblick auf straf- oder arbeitsrechtliche Konsequenzen zu beweisen.[486] Anhand der zahlreichen Prozesse[487] bzgl. der Übernahme der Detektivkosten durch den überführten Arbeitnehmer sieht man, wie häufig ein Arbeitgeber Detektive zu Hilfe nimmt.

Die häufigste Form der Überwachung durch Detektive erfolgt im Rahmen der Krankenkontrolle, also der Überprüfung, ob eine angegebene Arbeitsunfähigkeit wirklich zutrifft.[488] Wie schon erwähnt, findet diese Überwachung außerhalb des Betriebs statt und die Detektive ermitteln unerkannt. In der Regel erfolgt eine Überprüfung am Wohnort des Arbeitnehmers, was unter Umständen (z. B. bei der Beobachtung des Schlafzimmers) einen generell rechtlich unzulässigen Eingriff in die Intimsphäre[489] darstellt. Daher sollte die Überwachung auf die Observation des Hauseingangs beschränkt werden, um ein eventuelles Verlassen des Hauses zu dokumentieren.[490] Bezüglich der rechtlichen Zulässigkeit ist wieder festzustellen, dass bei dem Ermittlungsgrund ein betriebliches Interesse vorliegen muss, welches den Eingriff in das

486 Höld, Die Überwachung von Arbeitnehmern, S. 22

487 z. B. das Urteil vom 17. 9.1998 des BAG 8 AZR 5/97 oder das Urteil vom 28.3.2003 des LAG Nürnberg 4 Sa 136/02

488 Oetker, RdA 2004, S. 17; Höld, Die Überwachung von Arbeitnehmern, S. 24

489 Lunk, NZA 2009, S. 461; Freckmann/Wahl, BB 2008, S. 1907

490 Höld, Die Überwachung von Arbeitnehmern, S. 35

allgemeine Persönlichkeitsrecht, in diesem Fall den schweren Eingriff in die Privatsphäre des Arbeitnehmers, rechtfertigen kann.[491] Im Falle einer Krankenkontrolle auf Grund eines auf objektiven Tatsachen gründenden Verdachts (wie z. B. der häufige Beginn der Arbeitsunfähigkeit an einem Brückentag, zahlreiche Krankmeldungen für jeweils kurze Dauer oder die Ankündigung des Krankfeierns im Betrieb) ist die Überwachung durch einen Detektive zulässig[492], sofern kein milderes Mittel zur Feststellung der Vertragsverletzung Erfolg verspricht[493] und der Einsatz zeitlich begrenzt ist.[494]

Neben der verdeckten, außerbetrieblichen Ermittlung können Detektive auch innerbetrieblich tätig sein. Hier erfolgt die Tätigkeit in der Regel auch verdeckt, die Arbeitnehmer wissen also nicht, dass es sich bei dem neuen Mitarbeiter um einen Detektiv handelt – eine Ausnahme stellt ein dauerhaft eingesetzter Kaufhausdetektiv dar, da dieser auf die Kunden und nicht das Personal angesetzt ist und letzteres somit über den Einsatz informiert werden kann.[495] Ansonsten findet die Ermittlung verdeckt statt, der Detektiv kann als Kunde z. B. im Rahmen von Testkäufen[496] in Erscheinung treten oder wird durch den Arbeitgeber als neuer Mitarbeiter eingeschleust und ermittelt so als Kollege der Arbeitnehmer. Da hierbei ein starker Eingriff in das allgemeine Persönlichkeitsrecht erfolgt, da der neue „Mitarbeiter" seinen Status als Vertrauensperson bei den Kollegen ausnutzt, ist ein starkes Interesse des Arbeitgebers erforderlich.[497] Dies ist z. B. bei einem auf objektive Tatsachen begründeten Verdacht auf eine Straftat oder eine

491 Oetker, RdA 2004, S. 17; Höld, Die Überwachung von Arbeitnehmern, S. 31; Wohlgemuth, Datenschutz für Arbeitnehmer, Rn. 159; Becker, Detektive zur Überwachung von Arbeitnehmern?, S. 27

492 Oetker, RdA 2004, S. 17; Becker, Detektive zur Überwachung von Arbeitnehmern?, S. 20

493 Becker, Detektive zur Überwachung von Arbeitnehmern?, S. 27

494 Lunk, NZA 2009, S. 461; Höld, Die Überwachung von Arbeitnehmern, S. 27, 35; Wohlgemuth, Datenschutz für Arbeitnehmer, Rn. 159

495 Freckmann/Wahl, BB 2008, S. 1907f.; Höld, Die Überwachung von Arbeitnehmern, S. 24

496 siehe Urteil vom 18.4.2000 des BAG 1 ABR 22/99; Grosjean, Der Betrieb 2003, S. 2653; Maschmann, Festschrift für Wolfgang Hromadka zum 70. Geburtstag, S. 236

497 Höld, Die Überwachung von Arbeitnehmern, S. 28

schwere Vertragsverletzung der Fall,[498] wobei auch hier wieder zu beachten ist, dass keine mildere Überwachungsmethode Aussicht auf Erfolg haben darf.[499] Bei einer Leistungskontrolle in einer Abteilung, um inkompetente oder unmotivierte Mitarbeiter festzustellen, ist der Einsatz eines Detektives nicht verhältnismäßig im Vergleich zum Eingriff in das allgemeine Persönlichkeitsrecht des Arbeitnehmers. Außerdem sind auch mildere Überwachungsmethoden zumutbar, wie z. B. eine stichprobenartige Kontrolle durch den Vorgesetzten.[500] Aber beim Vorliegen eines konkreten Verdachts, welcher eine solche Maßnahme unter Berücksichtigung der Verhältnismäßigkeit gegenüber den Interessen des Arbeitnehmers rechtfertigt, ist der kurzfristige Einsatz eines Detektives zulässig, wobei auch hier wieder eine Ausforschung des Freizeitverhaltens in den Pausen unzulässig ist.[501]

Schließlich kann durch sogenannte Mystery Calls der Einsatz von Detektiven auch ohne direkten Kontakt zum Arbeitnehmer erfolgen.[502] Ein Mystery Call entspricht einem Testkauf, nur dass hier eine telefonische Dienstleistung getestet wird. Da der getestete Mitarbeiter kein Vertrauensverhältnis zum Anrufer aufbaut, liegt kein auszureichender Eingriff in das Persönlichkeitsrecht des Arbeitnehmers vor, was den Mystery Call somit rechtlich zulässig macht.[503]

---

498 AK "Datenschutz in Recht und Praxis", DuD 2008, S. 653; Lunk, NZA 2009, S. 461; Gola/Wronka, Handbuch zum Arbeitnehmerdatenschutz, Rn. 399

499 Wohlgemuth, Datenschutz für Arbeitnehmer, Rn. 158; Lunk, NZA 2009, S. 461

500 Höld, Die Überwachung von Arbeitnehmern, S. 28

501 Freckmann/Wahl, BB 2008, S. 1907; Höld, Die Überwachung von Arbeitnehmern, S. 28f.

502 Grobys, Die Überwachung von Arbeitnehmern in Call Centern, S. 80f.; Gola/Wronka, Handbuch zum Arbeitnehmerdatenschutz, Rn. 406

503 Gola/Wronka, Handbuch zum Arbeitnehmerdatenschutz, Rn. 406

5 MITBESTIMMUNG DES BETRIEBSRATES

Eine wichtige Voraussetzung für eine Arbeitnehmerüberwachung, welche oft obligatorisch für eine rechtliche Zulässigkeit ist und im Falle einer Unterlassung neben einem Beweisverwertungsverbot weitere rechtliche Konsequenzen für den Arbeitgeber haben kann,[504] aber nicht muss,[505] ist die Zustimmung des Betriebsrats im Rahmen der Mitbestimmungspflicht aus § 87 I Nr. 1 & Nr. 6 BetrVG.[506] Demnach hat der Betriebsrat eine Mitbestimmungspflicht bei der Einführung oder Anwendung technischer Einrichtungen, die dazu bestimmt sind, das Verhalten oder die Leistung der Arbeitnehmer zu überwachen. Diese Vorschrift soll den Schutz des allgemeinen Persönlichkeitsrechts garantieren und somit vor einem Eingriff in die Persönlichkeitssphäre der Arbeitnehmer schützen.[507] Aus diesem Grund ist es auch eine Mitbestimmungspflicht und nicht ein Mitbestimmungsrecht – ein

504 Bayreuther, NZA 2005, S. 1042; Schuster, Die Internetnutzung als Kündigungsgrund, S. 111; Mattl, Die Kontrolle der Internet- und E-Mail-Nutzung am Arbeitsplatz, S. 180

505 Hammann/Schmitz/Apitzsch, Überwachung und Arbeitnehmerdatenschutz, S. 24f.

506 Brunhöber, Das bringt das neue Betriebsverfassungsgesetz, S. 155f.

507 Springmann, Der Betriebsrat und die Betriebsbeauftragten, S. 77; Tuchbreiter, Beteiligungsrechte des Betriebsrats bei der Einführung und Anwendung moderner Kommunikationsmittel, S. 62,70; Töfflinger, Rechtliche Kriterien für Inhalt und Umfang der Mitbestimmung des Betriebsrates bei „technischer Überwachung"; S. 112; Erler, Die private Nutzung neuer Medien am Arbeitsplatz, S. 151; Mattl, Die Kontrolle der Internet- und E-Mail-Nutzung am Arbeitsplatz, S. 153

Verzicht des Betriebsrats auf Mitbestimmung geht über seine Verfügungsbefugnis hinaus und ist somit unzulässig.[508]

Der Betriebsrat ist durch seine Mitbestimmungspflicht dazu aufgefordert, bestimmte Rahmenbedingungen für den Betrieb der technischen Überwachung festzulegen[509], beispielsweise die Einschaltdauer der Videokameras, den Umfang der Protokollierung der Verbindungsdaten bei Telefonaten oder die Zweckbindung und den Zeitraum der Speicherung der erlangten Daten.[510]

Der Arbeitgeber ist somit bei den meisten Überwachungsmaßnahmen von der Zustimmung des Betriebsrats abhängig. Kommt keine Einigung zwischen Betriebsrat und Arbeitgeber zustande, so kann eine Entscheidung der Einigungsstelle eingeholt werden.[511] Diese erfolgt durch Abstimmung nach der Erläuterung der Gründe für bzw. gegen die Maßnahme aus Arbeitnehmer- bzw. Betriebsratssicht und entspricht einer Betriebsvereinbarung.[512] Neben den Arbeitgeber- und Betriebsratsvertretern in gleicher Anzahl stimmt zusätzlich ein unparteiischer Vorsitzender ab, welcher von Betriebsrat und Arbeitgeber bestimmt werden muss. Wenn keine Einigung über den Vorsitzenden erfolgt, muss das zuständige ArbG entscheiden.[513]

5.1 Betriebliche Kommunikation

Damit eine Mitbestimmungspflicht des Betriebsrats vorliegt, muss zunächst festgestellt werden, ob es sich bei den Elementen der betrieblichen Kommunikationsmittel um eine technische Einrichtung i. S. d. § 87 I Nr. 6 BetrVG handelt und ob diese dazu bestimmt ist, das Verhalten oder die Leistung der Mitarbeiter zu überwachen. Wobei die Bestimmung zur Überwachung so zu interpretieren ist, dass es aus-

---

508 Andres, Die Integration moderner Technologien im Betrieb, S. 135

509 Möller, ITRB 2009, S. 46; Conrad/Antoine, ITRB 2006, S. 90 , Andres, Die Integration moderner Technologien im Betrieb, S. 136f.

510 Bayreuther, NZA 2005, S. 1042f.; Töfflinger, Rechtliche Kriterien für Inhalt und Umfang der Mitbestimmung des Betriebsrates bei „technischer Überwachung2; S. 138

511 § 87 II BetrVG; Möller, ITRB 2009, S. 46; Andres, Die Integration moderner Technologien im Betrieb, S. 158

512 § 87 II S. 2 BetrVG; Möller, ITRB 2009, S. 46

513 Möller, ITRB 2009, S. 45

reicht, wenn die Einrichtung objektiv zur Überwachung geeignet ist[514] – eine subjektive Überwachungsabsicht des Arbeitgebers muss nicht vorliegen.[515]

Eine moderne Telefonanlage, egal ob ISDN oder VOIP, ist auf Grund der Tatsache, dass sie eindeutig eine technische Einrichtung ist und durch die integrierten Protokollfunktionen auch eine Nutzung zum Zwecke einer Überwachung ermöglicht,[516] eindeutig als technische Einrichtung i. S. d. § 87 I Nr. 6 BetrVG zu bezeichnen. Diese Tatsache reicht aus, um eine Erforderlichkeit der Mitbestimmung bei der Einführung einer solchen Anlage durch den Betriebsrat zu begründen.[517] Auch bei einer Änderung, welche dazu geeignet ist, die vorhandenen Kontrollmöglichkeiten zu erweitern, beispielsweise der Erweiterung der Anlage über ein Abrechnungssystem zur Kostenerfassung, ist eine Mitbestimmung des Betriebsrats erforderlich.[518]

Bei der Einführung von Arbeitsplatzrechnern dagegen handelt es sich zwar um eine technische Einrichtung, also um die Hardware, allerdings wird diese erst in Kombination mit der Software, welche z. B. die Nutzung von E-Mail und Internet ermöglicht, zu einer technischen Einrichtung, welche zur Überwachung bestimmt sein kann.[519] Was auch bei der Einführung von E-Mail und Internet im Unternehmen zu einer Mitbestimmungspflicht des Betriebsrats führt.[520] Gleiches gilt besonders bei der Kombination Hardware mit einer Überwa-

---

514 Sauer, AuA 2009, S. 515; Oberwetter, NZA 2008, S. 612

515 Gola/Wronka, Handbuch zum Arbeitnehmerdatenschutz, Rn. 1072; Tuchbreiter, Beteiligungsrechte des Betriebsrats bei der Einführung und Anwendung moderner Kommunikationsmittel, S. 71; Springmann, Der Betriebsrat und die Betriebsbeauftragten, S. 76f.; Möller, ITRB 2009, S. 45

516 Dann/Gastell, NJW 2008, S. 2949; Tuchbreiter, Beteiligungsrechte des Betriebsrats bei der Einführung und Anwendung moderner Kommunikationsmittel, S. 69

517 Tuchbreiter, Beteiligungsrechte des Betriebsrats bei der Einführung und Anwendung moderner Kommunikationsmittel, S. 70

518 Tuchbreiter, Beteiligungsrechte des Betriebsrats bei der Einführung und Anwendung moderner Kommunikationsmittel, S. 94

519 Wolf/Mulert, BB 2008, S. 444; Gola/Wronka, Handbuch zum Arbeitnehmerdatenschutz, Rn. 1061; Tuchbreiter, Beteiligungsrechte des Betriebsrats bei der Einführung und Anwendung moderner Kommunikationsmittel, S. 67f.; Möller, ITRB 2009, S. 45

520 Gola/Wronka, Handbuch zum Arbeitnehmerdatenschutz, Rn. 1061

chungssoftware, hier liegt sogar ein offensichtliches, subjektives Überwachungsinteresse vor.[521] Wie bei den Änderungen an einer Telefonanlage sind auch Änderungen an den Arbeitsplatzrechnern, welche eine Erweiterung der Kontrollmöglichkeiten bezwecken können, mitbestimmungspflichtig.[522] Diese Erforderlichkeit entfällt bei Änderung an der Hard- oder Software, welche keinen Einfluss auf die Kontrollmöglichkeiten haben – beispielsweise die Erneuerung einzelner Hardwarekomponenten zur Modernisierung der EDV.[523]

Bei den Nutzungsbedingungen könnte dagegen § 87 I Nr. 1 BetrVG eine Mitbestimmungspflicht des Betriebsrats begründen. Allerdings muss das sogenannte Ordnungsverhalten der Arbeitnehmer betroffen sein – was beispielsweise im Fall eines Verbots der privaten Internetnutzung nicht der Fall ist und womit keine Mitbestimmungspflicht des Betriebsrats vorliegt.[524] An eine private Nutzungserlaubnis gebundene Verhaltensregeln (wie die Einrichtung eines privaten E-Mail-Kontos, über welches ausschließlich eine private E-Mail-Nutzung zulässig ist oder eine inhaltliche oder zeitliche Beschränkung) werden als Einflussnahme auf das Ordnungsverhalten im Betrieb gewertet und sind somit mitbestimmungspflichtig.[525]

Eine Mitbestimmungspflicht bei Anwendung besteht auch, wenn bei der Einführung keine Mitbestimmungspflicht bestanden hat – wenn beispielsweise zu diesem Zeitpunkt noch kein Betriebsrat erforderlich war.[526] Der Betriebsrat hat sogar das Recht, für eine mitbe-

---

521 Erler, Die private Nutzung neuer Medien am Arbeitsplatz, S. 152

522 Koeppen, Rechtliche Grenzen der Kontrolle der E-Mail- und Internetnutzung am Arbeitsplatz, S. 188; Däubler, Gläserne Belegschaften, Rn. 772

523 Tuchbreiter, Beteiligungsrechte des Betriebsrats bei der Einführung und Anwendung moderner Kommunikationsmittel, S. 94

524 Gola/Klug, NJW 2007, S. 2456; Möller, ITRB 2009, S. 45; Ueckert, ITRB 2003, S. 159; Dann/Gastell, NJW 2008, S. 2949; Steinau-Steinrück von/Glanz, NJW-Spezial 2008, S. 403; Kümpers, Einsatz elektronischer Informations- und Kommunikationssysteme am Arbeitsplatz, S. 104

525 Olbert, AuA 2008, S. 79; Wolf/Mulert, BB 2008, S. 444; Dann/Gastell, NJW 2008, S. 2949; Mattl, Die Kontrolle der Internet- und E-Mail-Nutzung am Arbeitsplatz, S. 156; Kümpers, Einsatz elektronischer Informations- und Kommunikationssysteme am Arbeitsplatz, S. 104

526 Däubler, Gläserne Belegschaften, Rn. 773; Tuchbreiter, Beteiligungsrechte des Betriebsrats bei der Einführung und Anwendung moderner Kommunikationsmittel, S. 94

stimmungsfrei eingeführte Einrichtung nach § 87 I Nr. 6 BetrVG eine nachträgliche, mitbestimmungspflichtige Betriebsvereinbarung[527] innerhalb einer Übergangszeit von einem Jahr nach Wahl des Betriebsrats[528] zu fordern.[529] Technische Einrichtungen gemäß § 87 I Nr.6 BetrVG, für welche nach der Übergangszeit noch keine Vereinbarung mit dem Betriebsrat getroffen wurde, gelten als rechtwidrig und ermöglichen so ein Verbot der Inbetriebnahme durch eine einstweilige Verfügung.[530]

5.2 Elektronische Betriebsdatenerfassung

Das Vorliegen einer technischen Einrichtung bei den Elementen der elektronischen Betriebsdatenerfassung (wie z. B. durch die Verwendung eines Personalinformationssystems[531], die Einführung digitaler Arbeitnehmerausweise oder die Standortbestimmung von Fahrzeugen und Mitarbeitern) wird eindeutig bejaht.[532] Gleiches gilt für die Verwendbarkeit zur Überwachung des Verhaltens und der Leistung von Arbeitnehmern – somit liegt eine Mitbestimmungspflicht des Betriebsrates nach § 87 I Nr. 6 BetrVG für die Einführung oder Änderung der bei der Einführung angegebenen Nutzungsweise der technischen Einrichtung ebenfalls vor.

527 Möller, ITRB 2009, S. 45

528 Däubler, Gläserne Belegschaften, Rn. 774

529 Tuchbreiter, Beteiligungsrechte des Betriebsrats bei der Einführung und Anwendung moderner Kommunikationsmittel, S. 95f.; Gola/Wronka, Handbuch zum Arbeitnehmerdatenschutz, Rn. 1122

530 Däubler, Gläserne Belegschaften, Rn. 774

531 siehe Urteil vom 11.3.1986 des BAG 1 ABR 12/84

532 Schwarz, Arbeitnehmerüberwachung und Mitbestimmung, S. 17ff.; Gola/Wronka, Handbuch zum Arbeitnehmerdatenschutz, Rn. 1061; Tuchbreiter, Beteiligungsrechte des Betriebsrats bei der Einführung und Anwendung moderner Kommunikationsmittel, S. 67; Springmann, Der Betriebsrat und die Betriebsbeauftragten, S. 77; Conrad/Antoine, ITRB 2006, S. 90

5.3 Videoüberwachung

Bei der Überwachung durch eine Videokamera liegt eine technische Einrichtung vor, welche zur Überwachung des Verhaltens oder der Leistung eines Arbeitnehmers geeignet ist.[533] Somit liegt generell bei jeder Videoüberwachung, ob offen oder verdeckt,[534] eine Mitbestimmungspflicht des Betriebsrats vor.[535] Wenn allerdings eine Sichtbarkeit von Arbeitnehmern durch die entsprechende Platzierung einer Kamera verhindert wird, so liegt eine Mitbestimmungspflicht nicht vor.[536] Gleiches gilt nach §87 I S. 1 BetrVG für Videokameras nach den UVV auf Grund der Tatsache, dass sie durch eine gesetzliche oder tarifliche Regelung vorgeschrieben sind.[537]

5.4 Einsatz von Detektiven und Mitarbeitern

Bei dem Einsatz von Detektiven und Mitarbeitern zur Kontrolle der Arbeitnehmer kann man feststellen, dass es sich hierbei um keine technische Einrichtung handelt – eine technische Einrichtung wird nur durch ein optisches, mechanisches, akustisches oder elektronisches Gerät verkörpert, nicht durch einen Menschen.[538] Somit liegt beim Einsatz von natürlichen Personen keine Mitbestimmungspflicht des Betriebsrats aus §87 I Nr. 6 BetrVG vor.[539] Auch eine Mitbestimmungspflicht aus § 87 I Nr. 1 BetrVG wird in der Literatur verneint,[540]

---

533 Sauer, AuA 2009, S. 515; Maties, NJW 2008, S. 2224; Bayreuther, NZA 2005, S. 1042; Richardi/Kortstock, RdA 2005, S. 382

534 Fischer in Hanau, Personalrecht im Wandel, S. 84

535 Steinkühler/Reif, AuA 2009, S. 214; Bertzbach, JurisPR-ArbR 46/2004, Anm. 1 (Rn. B); Ostmann/Kappel, AuA 2008, S. 658; Kaufmann, DuD 2006, S. 230; Dann/Gastell, NJW 2008, S. 2949; Hummel in Müller-Heidelberg/Finckh/Steven/Habbe/Micksch/Kaleck/Kutscha/Gössner/Schreiber, Grundrechte-Report 2005, S. 33

536 Gola/Wronka, Handbuch zum Arbeitnehmerdatenschutz, Rn. 1074; Fischer in Hanau, Personalrecht im Wandel, S. 84

537 Springmann, Der Betriebsrat und die Betriebsbeauftragten, S. 77

538 Erler, Die private Nutzung neuer Medien am Arbeitsplatz, S. 152

539 Ostmann/Kappel, AuA 2008, S. 658; Dann/Gastell, NJW 2008, S. 2949; Becker, Detektive zur Überwachung von Arbeitnehmern?, S. 79

540 Becker, Detektive zur Überwachung von Arbeitnehmern?, S. 73ff.

da dies keinen Einfluss auf das Ordnungsverhalten der Arbeitnehmer hat. Sogar bei teilweise stark ins allgemeine Persönlichkeitsrecht des Arbeitnehmers eindringenden Maßnahmen wie Ehrlichkeitskontrollen liegt i. d. R. keine Mitbestimmungspflicht des Betriebsrates vor.[541]

541 Ostmann/Kappel, AuA 2008, S. 658

6 PROJEKT „BABYLON" DER DEUTSCHE BAHN AG

In den letzten Jahren sorgten einige Fälle von Arbeitnehmerüberwachung für Schlagzeilen. Daher wird abschließend noch kurz auf den „Überwachungsskandal" der Deutsche Bahn AG eingegangen, welcher aufgrund der widerrechtlichen Auswertung von E-Mail- und Telefonverbindungsdaten durch den Versicherungskonzern Gerling und die deutsche Telekom oder die Videoüberwachungsmaßnahmen der Deutsche Post AG für zahlreiche Berichte in der Presse gesorgt hat[542]. Eine ähnliche Presseresonanz erfuhr die Überwachung der Mitarbeiter durch Detektive bei Lidl[543]. Auch aktuell sind wieder einige Fälle von Arbeitnehmerüberwachung in den Medien zu finden, wie z. B. die Vorwürfe der Ausforschung privater Gespräche von Angestellten der Lebensmittelketten Edeka und Plus durch Ladendetektive und verdeckte Videokameras.[544]

---

542 Beitrag auf handelsblatt.com - Versicherungskonzern Gerling spionierte Mitarbeiter aus – „www.handelsblatt.com/unternehmen/banken-versicherungen/versicherungskonzern-gerling-spionierte-mitarbeiter-aus;2016137"

543 Beitrag auf Sueddeutsche.de – Spitzel-Skandal auch bei Edeka und Plus – „www.sueddeutsche.de/wirtschaft/229/437973/text/"

544 Beitrag auf handelsblatt.com – Edeka soll Mitarbeiter bespitzelt haben – „www.handelsblatt.com/unternehmen/handel-dienstleister/brisante-vorwuerfe-edeka-soll-mitarbeiter-bespitzelt-haben;2491445"; Beitrag auf Sueddeutsche.de – Spitzel-Skandal auch bei Edeka und Plus – „www.sueddeutsche.de/wirtschaft/229/437973/text/"

Der Kontenabgleichskandal der deutschen Bahn hat ein starkes Medienecho hervorgerufen. Im Zeitraum von 2002 bis 2005[545] fanden unter dem Codenamen „Babylon"[546] sogenannte Screeningmaßnahmen, also ein Datenabgleich statt, in dessen Rahmen die Kontodaten der eigenen Mitarbeiter mit denen der ca. 80 000 Lieferanten, welche Zahlungen von der Deutsche Bahn AG erhalten haben, abgeglichen wurden.[547] Betroffen waren allein in den Jahren 2002 und 2003 etwa 173 000 der rund 240 000 Mitarbeiter der Deutsche Bank AG.[548] Hintergrund dieser Maßnahme war die Aufdeckung von Betrugsfällen durch Scheingeschäfte der eigenen Mitarbeiter. Durch die Maßnahme wurden in ca. 300 Fällen[549] (im gesamten Überwachungszeitraum ca. 500 Fälle) [550] Übereinstimmungen festgestellt – davon dienten 100 tatsächlich zur Aufdeckung von Scheingeschäften.[551] Dies hat zu einer Diskussion geführt, wobei die Maßnahme von einigen als Verstoß gegen den Datenschutz verurteilt [552] und von anderen verteidigt wurde.[553] Das Ergebnis für die Deutsche Bahn AG war eine Rekordstrafe von 1,12 Mio Euro, welche vom Berliner Datenschutzbeauftragten im Rahmen eines Bußgeldbescheides verhängt wurde.[554]

---

545 Beitrag auf it-rechtsinfo.de – Datenschutz: Bahn muss 1,12 Mio Euro Strafe für Datenschutzverstöße zahlen – „www.it-rechtsinfo.de/urteile/einzelnews/article/9/Datenschutz-Bahn-muss-112-Mio-Euro-Strafe-fuer-Datenschutzverstoesse-zahlen.html"; Steinkühler/Reif, AuA 2009, S. 214

546 Beitrag auf zeit.de – Datenschutzskandal trifft 173.000 Bahn-Beschäftigte – „www.zeit.de/online/2009/05/spitzelei-deutsche-bahn"

547 Steinkühler/Reif, AuA 2009, S. 214

548 Beitrag auf zeit.de – Datenschutzskandal trifft 173 000 Bahn-Beschäftigte – „www.zeit.de/online/2009/05/spitzelei-deutsche-bahn"; Steinkühler/Reif, AuA 2009, S. 214

549 Beitrag auf zeit.de – Datenschutzskandal trifft 173 000 Bahn-Beschäftigte – „www.zeit.de/online/2009/05/spitzelei-deutsche-bahn"

550 Diller, BB 2009, S. 438

551 Beitrag auf zeit.de – Datenschutzskandal trifft 173 000 Bahn-Beschäftigte – „www.zeit.de/online/2009/05/spitzelei-deutsche-bahn"

552 Steinkühler, BB 2009, S. 1294f.

553 Diller, BB 2009, S. 438ff.

554 Beitrag auf it-rechtsinfo.de – Datenschutz: Bahn muss 1,12 Mio Euro Strafe für Datenschutzverstöße zahlen – „www.it-rechtsinfo.de/urteile/einzelnews/

Eine Analyse der möglichen Verstöße zeigt, dass zunächst eine Missachtung des Mitbestimmungsrechts des Betriebsrats in Frage kommt. Es könnte eine Mitbestimmungspflicht aus § 87 I Nr. 6 BetrVG vorliegen, da zum Vergleich der Kontodaten ein Computer, also eine technische Einrichtung, verwendet wurde. Ob der Computer, welcher zum Abgleich der Daten verwendet wurde, eine technische Einrichtung i. S. d. § 87 I Nr. 6 BetrVG, also eine objektive Möglichkeit der Überwachung durch die Einrichtung darstellt, ist umstritten. Einerseits wird argumentiert, dass der Computer eine eigenständige Kontrollwirkung besitzt und somit keine Mitbestimmungspflicht vorliegt.[555] Auf der anderen Seite heißt es, dass eindeutig eine Mitbestimmungspflicht begründet ist, da alle Datenverarbeitungsanlagen, mit deren Hilfe personalrelevante Daten durch vorherige Einspeisung ausgewertet werden können, eine technische Einrichtung i. S. d. § 87 I Nr. 6 darstellen.[556] Da hier eine Kombination aus Hard- und Software vorliegt[557], die objektiv in der Lage ist, die Leistung oder das Verhalten eines Arbeitnehmers zu kontrollieren, kann man in der Tat davon ausgehen, dass eine technische Einrichtung i. S. d. § 87 I Nr. 6 BetrVG vorliegt und somit auch eine Mitbestimmung des Betriebsrats erforderlich war.

Außerdem könnte eine Mitbestimmungspflicht aus § 87 I Nr. 1 BetrVG vorliegen, da „Fragen der Ordnung des Betriebs und Verhaltens der Arbeitnehmer im Betrieb"[558] aus der Maßnahme betroffen sein könnten. Hieraus entsteht nach herrschender Meinung allerdings keine Mitbestimmungspflicht, da nur Maßnahmen, welche die Ordnung und das Zusammenleben im Betrieb mit Wissen und aktiver Beteiligung des Arbeitnehmers beeinflussen, wie z. B. eine Taschenkontrolle am Ausgang, eine Mitbestimmungspflicht begründen.[559] Das Screening könnte man eher mit einer verdeckten Ermittlung eines

---

article/9/Datenschutz-Bahn-muss-112-Mio-Euro-Strafe-fuer-Datenschutzverstoesse-zahlen.html"

555 Diller, BB 2009, S. 438

556 Kock/Francke, NZA 2009, S. 649; Steinkühler, BB 2009, S. 1294; Kramer, Personal 2009, S. 51; Steinkühler/Reif, AuA 2009, S. 215

557 Kapitel 5.1, S. 71f.

558 § 87 I Nr. 1 BetrVG

559 Kock/Francke, NZA 2009, S. 649; Diller, BB 2009, S. 438

Detektivs vergleichen, welche auch nicht mitbestimmungspflichtig ist.[560]

Aus datenschutzrechtlicher Sicht scheidet ein rechtlicher Verstoß wegen unerlaubter Datenerhebung aus, da die Kontodaten nicht mehr erhoben werden mussten, sondern dem Unternehmen bereits vorlagen.[561] Es kommt also nur eine Nutzung der Daten in Betracht, welche nach § 28 BDSG zulässig ist, insofern das Interesse des Arbeitgebers gegenüber dem Schutzinteresse des Arbeitnehmers überwiegt.[562] Auch hier gibt es wieder unterschiedliche Meinungen, die eine Seite ist der Meinung, dass ein berechtigtes Interesse des Arbeitgebers bei der Aufdeckung der Scheingeschäfte vorliegt[563] während ein Arbeitnehmer, welcher keine illegalen Machenschaften betreibt, kein Schutzinteresse haben dürfte, da ein Abgleich nur seine Unschuld bestätigen kann.[564] Die andere Seite dagegen wirft der Deutsche Bahn AG vor, ihre Mitarbeiter unter Generalverdacht gestellt zu haben, der Arbeitnehmer hätte ein schutzwürdiges Interesse daran, nicht ständig ohne sein Wissen überwacht zu werden – das Überwachungsinteresse des Arbeitgeber würde nur bei einem konkreten Verdacht ausreichen, um dieses schutzwürdige Interesse zu übertreffen.[565] Alle Mitarbeiter unter Generalverdacht zu stellen, ist in der Tat nicht zulässig,[566] das Argument, jeder Mitarbeiter, der eine „weiße Weste" hat, habe nichts zu befürchten und habe somit kein schutzwürdiges Interesse, würde dann beinahe jede Überwachungsmaßnahme rechtfertigen und stellt somit kein überzeugendes Argument dar.

---

560 Kapitel 5.4, S. 74

561 Diller, BB 2009, S. 439

562 Kock/Francke, NZA 2009, S. 648

563 Kramer, Personal 2009, S. 51, berichtet von einer Abrechnung über eine Scheinfirma, in der ein Mitarbeiter einen Schaden von 70 Mio. verursachte.

564 Diller, BB 2009, S. 439

565 Steinkühler/Reif, AuA 2009, S. 215; Steinkühler, BB 2009, S. 1294f.; Kock/Francke, NZA 2009, S. 648

566 Kock/Francke, NZA 2009, S. 648; Steinkühler/Reif, AuA 2009, S. 215

7 SCHLUSS

Das Thema Arbeitnehmerüberwachung ist ein sehr wichtiges für alle Arbeitgeber, Betriebsratsmitglieder und Arbeitnehmer. Man kann davon ausgehen, dass in den nächsten Jahren die Möglichkeiten der Überwachung für den Arbeitgeber immer vielseitiger, technisch professioneller und kostengünstiger werden. Gleichzeitig werden dem Arbeitnehmer, ebenfalls bedingt durch den technologischen Fortschritt, immer wieder neue Möglichkeiten geboten, durch vertragswidriges Verhalten genau diese Überwachungsmethoden erforderlich zu machen. Es liegt also eine Art „Teufelskreis des technologischen Fortschritts für die Ursachen und Gründe der Arbeitnehmerüberwachung" vor.

Es hat sich gezeigt, dass der Arbeitgeber, welcher ein berechtigtes Interesse daran hat, den Fortbestand seines Unternehmens zu gewährleisten, heute einer Vielzahl negativer innerer Einflüsse auf dessen Wirtschaftlichkeit ausgesetzt ist, welche er verständlicherweise unterbinden will. Diese Einflüsse zeigen sich in Form von Wirtschaftsstraftaten wie Betrug oder Wirtschaftsspionage oder durch sonstige Vertragsverletzungen wie die Nutzung der Arbeitszeit für private Zwecke oder die vorgetäuschte Arbeitsunfähigkeit und haben für die deutsche Wirtschaft einen jährlichen finanziellen Schaden in Milliardenhöhe zur Folge. Zur Aufdeckung bzw. Prävention stehen dem Arbeitgeber zahlreiche Mittel und Wege zur Verfügung, wobei zu beachten ist, dass eine rechtmäßige Zulässigkeit nicht immer gegeben ist und bei einem Verstoß zivil- und strafrechtliche Konsequenzen für den Arbeitgeber die Folge sein können.

Vor allem die Zahl der technischen Überwachungsmethoden hat in den letzten Jahren sehr an Bedeutung gewonnen. Durch die Einführung moderner betrieblicher Kommunikationsmittel entsteht automatisch auch das Interesse der Arbeitnehmer an deren privater Nutzung. Der Arbeitgeber ist berechtigt, ohne eine Beteiligung des Betriebsrats die private Nutzung zu untersagen und auch die Einhaltung dieses Verbots zu überwachen. Hierbei ist allerdings das allgemeine Persönlichkeitsrecht des Arbeitnehmers zu berücksichtigen und es darf keine zeitlich unbegrenzte Vollkontrolle erfolgen. Außerdem ist bei der Telefonkommunikation aufgrund des Rechts am eigenen Wort ein Abhören nur im Fall eines durch objektive Tatsachen begründeten konkreten Verdachts auf eine Straftat oder eine schwere Vertragsverletzung zulässig. Im Falle einer durch den Arbeitgeber erlaubten Privatnutzung ist allerdings darauf zu achten, dass die privaten Daten nur zu Abrechnungszwecken erhoben und auch zweckgebunden nur für die Abrechnung genutzt werden dürfen.

Die elektronische Betriebsdatenerfassung durch digitale Arbeitnehmerausweise, welche bei der Zeiterfassung, Zugangskontrolle, Kantinen- und Tankabrechnung sowie der Anmeldung an den Arbeitsplatzrechnern genutzt werden, ist im allgemeinen zulässig, sofern eine Zweckbindung auf den primären Einsatzzweck – nicht zur Erstellung von Bewegungsprofilen – festgelegt wird und auch erfolgt. Gleiches gilt bei Personalinformationssystemen, welche neben der erforderlichen Zweckbindung auch hohe Anforderungen an die Sicherheit der erfassten Daten stellen. Die Ortung der eigenen Fahrzeuge und Mitarbeiter ist ebenfalls zulässig, sofern eine Zweckbindung an die Flotten- und Personalplanung erfolgt und ebenfalls keine Bewegungsprofile erstellt werden.

Bei der Videoüberwachung ist zwischen der repressiven und der präventiven Überwachung zu unterscheiden. Eine präventive Videoüberwachung ist generell unzulässig, außer der Überwachungszweck ist nicht primär auf einen Mitarbeiter gerichtet, dies wäre der Fall, wenn der Mitarbeiter nur gelegentlich im Bild ist. Eine andere Ausnahme wäre, wenn der überwachte Ort sich in einem besonders sensiblen Bereich befindet bzw. der Betrieb an sich besonders gefährdet ist. Zuletzt würde noch eine Ausnahme in Frage kommen, wenn die Überwachung z. B. durch die UVV gesetzlich vorgeschrieben ist. Die repressive Überwachung dagegen ist im Falle eines mit objektiven Tatsachen begründeten, konkreten Verdachts zulässig. Bei dieser ist sogar eine verdeckte Videoüberwachung zulässig, um eine Vertuschungsgefahr durch den Täter zu vermeiden. Wie bei der Überwachung der betrieblichen Kommunikationsmittel ist auch bei der Videoüberwachung stets die Verhältnismäßigkeit des Eingriffs in die Privatsphäre des Arbeitnehmers zu beachten, und bei einer Videoüberwachung ist stets die Mitbestimmung des Betriebsrats erforderlich.

Im Bereich der nicht-technischen Überwachung kommt die Überwachung durch Vorgesetzte oder Detektive in Betracht. Die Überwachung durch Vorgesetzte ist, sofern die Arbeitsleistung beobachtet wird, generell zulässig. Eine Ausforschung des Freizeitverhaltens ist allerdings untersagt, da das Interesse der Beobachtung im betrieblichen Zusammenhang stehen muss. Die Überwachung durch Detektive ist wie die Überwachung durch Vorgesetzte nicht mitbestimmungspflichtig und im Falle eines konkreten Verdachts auch generell zulässig, sofern der Zweck der Überwachung im Zusammenhang mit der betrieblichen Tätigkeit steht.

Generell ist also die Verhältnismäßigkeit der Maßnahme zu beachten. Das Überwachungsinteresse des Arbeitgebers muss stets das Interesse auf Wahrung des allgemeinen Persönlichkeitsrechts übertreffen. Außerdem muss immer die mildeste Methode der Überwachung gewählt werden, welche den geringsten Eingriff in die Privatsphäre des Arbeitnehmers darstellt.

LITERATURVERZEICHNIS

Aghamiri, Bahram;
Kündigung wegen Privatnutzung des Internet, ITRB 2007, S. 251–252

Andres, Dirk;
Die Integration moderner Technologien in den Betrieb, Berlin 2000

Arbeitskreis „Datenschutz in Recht und Praxis";
Ein Gesetz zum Schutz der Persönlichkeitsrechte im Arbeitsverhältnis (GSPA), DuD 2008, S. 645–659

Barthel, Thomas / Huppertz, Christiane;
Ethik-Richtlinien – Arbeitsrecht und Datenschutz bei „Whistleblower–Klauseln", AuA 2006, S. 204–209

Bayreuther, Frank;
Videoüberwachung am Arbeitsplatz, NZA 2005, S. 1038–1044

Becker, Friedemann;
Detektive zur Überwachung von Arbeitnehmern?, Stuttgart / Wiesbaden 1981

Bernhardt, Marion / Barthel, Thomas;
Beispiel unerlaubte Internetnutzung – Die außerordentliche Tat- und Verdachtskündigung, AuA 2008, S. 150–153

Bertzbach, Martin;
Videoüberwachung am Arbeitsplatz, in: JurisPR-ArbR 46/2004, Anm. 1

Blumenthal, German von / Niclas, Vilma;
Diskussionsentwurf eines Beschäftigtendatenschutzgesetzes, ITRB 2009, S. 217

Brunhöber, Hanna;
Das bringt das neue Betriebsverfassungsgesetz, München 2002

Conrad, Isabell / Antoine, Ludwig;
Betriebsverfassungs- und datenschutzrechtliche Aspekte im Überblick, ITRB 2006, S. 90–95

Dann, Matthias / Gastell, Roland;
Geheime Mitarbeiterkontrollen: Straf- und arbeitsrechtliche Risiken bei unternehmensinterner Aufklärung, NJW 2008, S. 2945–2949

Dannhorn, Melanie / Mohnke, Lars;
Call-Center – Arbeitnehmer Monitoring, AuA 2006, S. 210–213

Däubler, Wolfgang;
Arbeitsrecht 1, Hamburg 1998

Däubler, Wolfgang;
Arbeitsrecht und Informationstechnologien, CR 2005, S. 767

Däubler, Wolfgang;
Gläserne Belegschaften, 4. Auflage, Frankfurt/Main 2002

Deutsches Bundeskriminalamt (Hrsg.);
Polizeiliche Kriminalstatistik 2007, 55. Ausgabe,

Deutsches Bundeskriminalamt (Hrsg.);
Wirtschaftskriminalität Bundeslagebericht 2008

Deutsches Bundeskriminalamt (Hrsg.);
Korruption Bundeslagebericht 2008

Diller, Martin;
„Konten-Ausspäh-Skandal" bei der Deutschen Bahn: Wo ist das Problem?, BB 2009, S. 438–440

Dix, Dorothea;
Datenschutz im Internet, Bonn 2006

Ege, Andreas;
Arbeitsrecht und Web 2.0, AuA 2008, S. 72–74

Elschner, Günter;
Rechtsfragen der Internet- und E-Mail-Nutzung am Arbeitsplatz, Köln 2004

Erler, Andreas;
Die private Nutzung neuer Medien am Arbeitsplatz, München 2003

Ernst, Stefan;
Privates Surfen am Arbeitsplatz als Kündigungsgrund, DuD 2006, S. 223–225

Fischer, Ulrich;
Heimliche und verdeckte Arbeitnehmer-Videoüberwachung: Auge des Gesetzes oder Big Brother Horror, in: Hanau, Personalrecht im Wandel, München 2006, S. 75–95

Freckmann, Anke / Wahl, Sabine;
Überwachung am Arbeitsplatz, BB 2008, S. 1904–1908

Gola, Peter / Wronka, Georg;
Handbuch zum Arbeitnehmerdatenschutz, 3. Auflage, Frechen 2004

Gola, Peter/Klug, Christoph;
Die Entwicklung des Datenschutzrechts in den Jahren 2006/2007, NJW 2007, S. 2452–2459

Gola, Peter;
Datenschutz bei der Kontrolle „mobiler" Arbeitsnehmer – Zuverlässigkeit und Transparenz, NZA 2007, S. 1139–1144

Grobys, Marcel;
Die Überwachung von Arbeitnehmern in Call Centern, Baden-Baden 2007

Grosjean, Sascha;
Überwachung von Arbeitnehmern – Befugnisse der Arbeitgebers und mögliche Beweisverwertungsverbote, Der Betrieb 2003, S. 2650–2654

Hallaschka, Florian / Jandt, Silke;
Standortbezogene Dienste im Unternehmen, MMR 2006, S. 436–441

Hammann, Dirk / Schmitz, Karl / Apitzsch, Wolfgang;
Überwachung und Arbeitnehmerdatenschutz, Frankfurt/Main 2009

Hanau, Peter / Hoeren, Thomas;
Private Internetnutzung durch Arbeitnehmer, München 2003

Hartenauer, Jörg;
Grenzen der Kontrolle im Betrieb, Norderstedt 2004

Härting, Niko;
Beschlagnahme und Archivierung von Mails, CR 2009, S. 581–584

Henke, Jens;
IT und Datenschutz im Unternehmen, Saarbrücken 2006

Höld, Florian;
Die Überwachung von Arbeitnehmern, Hamburg 2005

Hummel, Dieter;
Soll der Arbeitgeber alles sehen?, in: Müller-Heidelberg, Till / Finckh, Ulrich / Steven, Elke / Habbe, Heiko / Micksch, Jürgen / Kaleck, Wolfgang / Kutscha, Martin / Gössner, Rolf / Schreiber, Frank (Hrsg.), Grundrechte-Report 2005, Frankfurt/Main 2005, S. 33–36

Kaufmann, Noogie C.;
Rechtsprechung zum Datenschutz 2005 – Teil 2, DuD 2006, S. 230–235

Kiper, Manuel;
Spione im Büro, in: Schulzki-Haddouti, Bürgerrechte im Netz, Wiesbaden 2003

Kock, Martin / Franke, Julia;
Mitarbeiterkontrolle durch systematischen Datenabgleich zur Korruptionsbekämpfung, NZA 2009, S. 646–651

Koeppen, Thomas;
Rechtliche Grenzen der Kontrolle der E-Mail- und Internetnutzung am Arbeitsplatz, Hamburg 2007

Kramer, Philipp;
Mitarbeiter kontrollieren, Personal 2009, S. 51

Krauß, Claudia;
Internet am Arbeitsplatz, JurPC Web-Dok. 14/2004, Abs. 1–52

Kümpers, Christian;
Einsatz elektronischer Informations- und Kommunikationssysteme am Arbeitsplatz, Düsseldorf 2009

Lelley, Jan Tibor;
Internet am Arbeitsplatz, Berlin 2006

Lunk, Stefan;
Prozessuale Verwertungsverbote im Arbeitsrecht, NZA 2009, S. 457–464

Maschmann, Frank;
Mitarbeiterkontrolle in Theorie und Praxis, in: Maschmann, Frank (Hrsg.), Festschrift für Wolfgang Hromadka zum 70. Geburtstag, S. 233–254, München 2008

Maties, Martin;
Arbeitnehmerüberwachung mittels Kamera?, NJW 2008, S. 2219–2225

Mattl, Tina;
Die Kontrolle der Internet und E-Mail-Nutzung am Arbeitsplatz, Hamburg 2008

Mengel, Anja;
Kontrolle der E-Mail- und Internetkommunikation am Arbeitsplatz, BB 2004, S. 2014–2021

Möller, Klaus Peter / Zezschwitz, Friedrich von;
Videoüberwachung – Wohltat oder Plage, Baden-Baden 2000

Möller, Reinhard;
Mitbestimmungsrechte bei Einführung und Ausgestaltung der Internet- und E-Mail-Nutzung, ITRB 2009, S. 44–47

Müller, Arnold;
Die Zulässigkeit der Videoüberwachung am Arbeitsplatz, Baden-Baden 2008

Oberwetter, Christian;
Arbeitnehmerrechte bei Lidl, Aldi & Co., NZA 2008, S. 609–613

Oetker, Hartmut;
Die Ausprägung der Grundrechte des Arbeitnehmers in der Arbeitsrechtsordnung der Bundesrepublik Deutschland, RdA 2004, S. 8–19

Ohlendorf, Bernd / Bünning, Birte;
Ethik-Richtlinien – Mitbestimmung nach BetrVG, AuA 2006, S. 200–203

Olbert, Hans;
Regeln – Überwachen – Ahnden: Kein Platz mehr für verbotene private Internetnutzung, AuA 2008, S. 76–79

Ostmann, Petra / Kappel, Verena;
Reichweite der Rechte und Pflichten des Arbeitnehmers – Arbeitnehmerdatenschutz, AuA 2008, S. 656–659

Pfalzgraf, Patrick;
Arbeitnehmerüberwachung, Hamburg 2003

Polenz, Sven;
Fehlverhaltenskontrolle am Arbeitsplatz, DuD 2009, S. 561–563

PricewaterhouseCoopers AG(Hrsg.);
Wirtschaftskriminalität 2007

Richardi, Reinhard / Kortstock, Ulf;
Videoüberwachung am Arbeitsplatz – allgemeines Persönlichkeitsrecht – Grundsatz der Verhältnismäßigkeit – Besprechung des Beschlusses BAG v. 29.6.2004 – 1 ABR 21/03, RdA 2005, S. 381–384

Rössel, Markus;
Kein Fernmeldegeheimnis für beim Arbeitgeber gespeicherte E-Mails, ITRB 2009, S. 218–219

Sassenberg, Thomas / Bamberg, Niclas;
Betriebsvereinbarung contra BDSG, DuD 2006, S. 226–229

Sassenberg, Thomas / Lammer, Katharina-Patricia;
Zulässigkeit der Spam-Filterung im Unternehmen, DuD 2008, S. 461–465

Sauer, Christian;
Arbeitnehmerdatenschutz, AuA 2009, S. 514–515

Schaar, Peter;
Das Ende der Privatsphäre, München 2007

Schild, Hans-Hermann / Tinnefeld, Marie-Theres;
Entwicklungen im Arbeitsnehmerdatenschutz, DuD 2009, S. 469–474

Schmitt-Rolfes, Jürgen;
Kontrolle von Internet- und E-Mail-Nutzung am Arbeitsplatz, AuA 2008, S. 391

Schoen, Thomas;
Umgang mit E-Mail-Accounts ausgeschiedener Mitarbeiter, DuD 2008, S. 286–289

Schuster, Friederike;
Die Internetnutzung als Kündigungsgrund, Hamburg 2009

Schwarz, Mathias;
Arbeitnehmerüberwachung und Mitbestimmung, Berlin 1982

Springmann, Christian;
Der Betriebsrat und die Betriebsbeauftragten, Frankfurt/Main 2004

Steinau-Steinrück, Robert von / Glanz, Peter;
Grenzen der Mitarbeiterüberwachung, NJW-Spezial 2008, S. 402–403

Steinkühler, Bernhard / Reif, Alexander;
Big Brother am Arbeitsplatz – Arbeitnehmerüberwachung, AuA 2009, S. 213–217

Steinkühler, Bernhard;
BB-Forum: Kein Datenproblem bei der Deutschen Bahn AG? Mitnichten!, BB 2009, S. 1294–1295

Tinnefeld, Marie-Theres / Ehmann, Eugen / Gerling, Rainer W.;
Einführung in das Datenschutzrecht, 4. Auflage, München 2005

Tinnefeld, Marie-Theres / Viethen, Hans-Peter;
Das Recht am eigenen Bild als besondere Form des allgemeinen Persönlichkeitsrechts – Grundgedanken und spezielle Fragen des Arbeitnehmerdatenschutzes, NZA 2003, S. 468–473

Töfflinger, Frank;
Rechtliche Kriterien für Inhalt und Umfang der Mitbestimmung des Betriebsrates bei „technischer Überwachung“, Baden-Baden 1991

Tuchbreiter, Stephan;
Beteiligungsrechte der Betriebsrats bei der Einführung und Anwendung moderner Kommunikationsmittel, Hamburg 2007

Ueckert, André;
Private Internet- und E-Mail-Nutzung am Arbeitsplatz, ITRB 2003, S. 158–162

Vehslage, Thorsten;
Privates Surfen am Arbeitsplatz, AnwBl 2001, S. 145–149

Voigt, Paul;
Gesprächsaufzeichnung im Servicecallcenter – Opt-In oder Opt-Out?, DuD 2008, S. 780–784

Weißgerber, Michael;
Arbeitsrechtliche Fragen bei Computerarbeitsplätzen, Berlin 2003

Werle, Thomas;
Beteiligungsrechte des Betriebsrates beim Einsatz von EDV, Berlin 2001

Wiele, Johannes;
Mitarbeiterdatenschutz versus Sicherheit: Das Recht hilft nur mit Diplomatie, DuD 2009, S. 685–689

Willkommen, Dominik;
Videoüberwachung und Sicherheit(sgefühl), Norderstedt 2005

Wohlgemuth, Hans H.;
Datenschutz für Arbeitnehmer, 2. Auflage, Neuwied 1988

Wohlgemuth, Hans H.;
Datenschutzrecht, Berlin 1992

Wolf, Thomas / Mulert, Gerrit;
Die Zulässigkeit der Überwachung von E-Mail-Korrespondenz am Arbeitsplatz, BB 2008, S. 442–447

Zentralstelle Gewerblicher Rechtsschutz des Deutschen Zolls (Hrsg.);
Statistik für das Jahr 2008

Zilkens, Martin / Klett, Katharina;
Datenschutz im Personalwesen, DuD 2008, S. 41–48

Zeitfracht Medien GmbH
Ferdinand-Jühlke-Straße 7
99095 Erfurt, Deutschland
produktsicherheit@kolibri360.de